目の前にいる人を大切にする「一期一会」の習慣

植西聰

マイナビ

はじめに

茶道の世界に、「一期一会《いちごいちえ》」という言葉があります。

この「一期《いちご》」には、「人の一生」という意味があります。

そして、「一会《いちえ》」とは、「たった一度きりの出会い」ということです。

つまり、この「一期一会」という言葉は、「一生の中で、たった一度きりの出会い」ということを言い表しているのです。

「この人との出会いは、一生で一度きりの出会いになるかもしれない。今後もう、この人と出会う機会はないかもしれない。だからこそ、この出会いを大切にしなければならない」ということを示しています。

また、この「一期一会」には、「人の一生の中で、『今』という時間は、まさにこの今にしかない、たった一度限りのものだ」という解釈の仕方もあります。

この場合、「一会」は、「一度限りの『今』という時間」ということです。

ですから、「今、目の前にいる、出会った人と過ごしている、この『今』という時間を大切にしなければならない」ということなのです。

いずれにしても、この「一期一会」という言葉は、「人と出会う時の心構え」について解説しているのです。

人の命は無常です。「無常《むじょう》」とは、「永遠ではない」ということです。明日もまた、自分が生きているとは限りません。一生は、今日で終わってしまうかもしれません。一方で、自分が出会う相手も、明日また生きているとは限りません。自分にとっても相手にとっても、「明日の命」は保証されているとは限らないのです。それが、「無常」という言葉の意味です。

だからこそ、人との出会いは「一期一会」なのです。自分も相手もお互いに、明日という日はないのかもしれないのだから、その出会いを、その人と過ごす楽しい時間を大切にしなければなりません。お互いによく意思疎通をして、「良かった」と思えるような出会いにすることが重要です。

茶道では、亭主《ていしゅ》と呼ばれる人物が、客をもてなします。「亭主」とは、そのお茶会のいわば主催者です。「客」とは、そのお茶会に招かれた人たちです。その亭主も、また客も、お互いに「一期一会」という精神を持って、相手に向かい合うのです。そして、この「一期一会」という精神を持つことによって、そのお茶会はすばらしいものになります。

茶道の世界ばかりではなく、人と人とのあらゆる出会いの場において、この「一期一会」の精神を持つことが大切だと思います。なぜなら、「一期一会」の精神を持つことで、あらゆる人との出会いが非常に有益なものになるからなのです。

さらに言えば、この「一期一会」と言う時、そこには、人との出会いばかりではなく、思想との出会い、書物との出会い、チャンスとの出会いについての心構えに関する考え方も含まれています。それも含めて、本書では、この「一期一会」の精神とはどのようなものなのか、さらに詳しく述べていきます。

植西 聰

目の前にいる人を大切にする「一期一会」の習慣

第2章 出会った相手に「自分の味方」になってもらう

第3章　新しいことをやって、人と出会う

第4章　出会えた喜びを相手に伝える

第5章 出会った人の望んでいることに応える

第6章 よけいなことを考えずに、人と出会う

第7章 癒し、癒される出会いをする

第8章　身近な人との「一期一会」もある

第9章 書物やチャンスとの出会いも大切にする

第1章

「一期一会」の精神で、人と出会う

「人との出会い」を通して、人は幸せになる

人は、一生の中で、多くの人と出会います。

そして「人との出会い」を通して、人生が大きく変わることがよくあります。

たとえば、ある人との出会いから、ビジネスで大きなチャンスをつかむことがあります。

ある人と出会い、その人と恋愛し、そしてその後結婚してパートナーとして幸せに連れ添っていく、ということもあります。

ある人と出会い、その人から強い影響を受けて、生き方や人生に対する考え方が大きく変わる、ということもあります。

ある人との出会いが、一生つきあっていける親友を得ることにつながる場合もあります。

そういう意味では、人が充実した人生を築いていくためには、「人との出会い」と

いうものが大きな役割を果たすのです。

従って、「人との出会いをいかにして有益なものにするか。出会った人を、どうやって自分の味方にするか」を考えながら、人と会っていくことが重要です。

そして、その出会いがより有益なもの、よりすばらしいものにするためのコツの一つが、「一期一会《いちごいちえ》」という言葉に秘められているのです。

人と出会う時には、「この出会いが一生で一度きりのものであると思って、心を込めて相手と接することが大切だ」という精神を表しています。

まさに、その精神で、「今日の出会い」というものを大切にしていくのです。

今日出会った人に誠心誠意を尽くして接していけば、やがてその人との出会いを通して、自分自身に大きな幸せが訪れるのです。

今日出会った人に、誠心誠意尽くす。

日頃の出会いにも「一期一会」の精神を持つ

江戸時代、幕末（19世紀）に活躍した大名《だいみょう》に、井伊直弼《いいなおすけ》がいます。彼は行政の最高責任者である大老《たいろう》を務め、アメリカと日米修好通商条約を結び、長く鎖国していた日本を開国の方向へと導いた人物として有名です。

この井伊直弼は、趣味として、茶道に熱中していたことでも有名でした。

心の疲れを癒したり、人との交友を深めたりするために、よく茶会を開いたのです。

実は、井伊直弼は茶道をする際の心得として、「一期一会《いちごいちえ》」という言葉を重んじていたと言います。

茶会の目的は、もちろん「お茶を飲む」ということにあります。

しかし、茶会にはもっと大切な目的があるように思います。

それは、「人との出会い」です。

人にとって、人との出会いは、大きな喜びになります。

また、人は、人と出会うことによって、深い心の癒しを得ることができます。

たくさんのことを学ぶこともできます。

そのような意味で、井伊直弼は、茶会を催すことによって実現する「人との出会い」というものを重要視していたのです。

だからこそ、「一期一会」という精神を大切にしたのでしょう。

もちろん、「人と出会う機会」は、茶席の他にもたくさんあります。

日常生活の中で、人は、たくさんの人と出会っていきます。

その時も「一期一会」という精神を大切にすることで、その出会いを通して、喜びを感じ、心が癒され、そして、多くのことを学んでいくことができるのです。


「一期一会」の精神で、出会いが大きな喜びになる。

出会いに感謝することで、一層すばらしい出会いになる

「人との出会い」は、その人に多くの恵みをもたらしてくれます。

それは、人と一緒に過ごす「楽しい時間」です。「この人と出会えて良かった」という感動です。

また、「生きている喜び」であり、「心の深い癒し」も、「人との出会い」から得ることができる貴重な恵みです。

「人との出会い」は、このように多くの恵みをもたらしてくれるのですから、人は、その出会いに感謝することが大切だと思います。

ある人に出会う機会があった時は、「この人との出会いを、私の人生にもたらしてくれて、ありがとうございます」と、感謝する気持ちを持つのです。

出会った相手に感謝します。

そのような運命をもたらしてくれた神様にも感謝します。

このような感謝の気持ちを持つことで、出会った相手への親近感が一層増していき、やさしい態度で相手に接することもできるようになります。

「出会いに感謝する」ということも、また、「一期一会」の精神につながっていくと思います。

「この出会いに、ありがとう」と感謝する気持ちを持つことで、『この出会いを一生で一度きりの貴重な機会だ』と考えて、とにかく、精一杯相手をもてなそう。この出会いを大切にしよう」という意欲が高まっていくのです。

その「出会いに感謝する気持ち」は、自然に相手に伝わっていきます。

そして、相手も自分に温かい親近感を持ち、「この人の味方になってあげたい」という思いも自然に持ってくれるのです。

「この出会いを与えてくれて、ありがとうございます」と、心の中で念じる。

事前に「相手のもてなし方」について考えておく

「一期一会」とは、その人との出会いはたった一度になるかもしれないので、大切にしなければならない、という意味です。

この精神で人と接していくためには、会う前にそれなりの準備をしておくことが重要なポイントになります。

茶会に、客を招いたとします。

その際、事前に、招いた客のことを思い浮かべながら、「あの人は、どのようなもてなし方をすれば、喜んでくれるだろう？」といったことに思いを巡らすのです。

一人で静かに座りながら、やってくる客に喜んでもらう方法について色々と考えてみるのです。

そうすることで、その茶会での出会いが、すばらしいものになります。

亭主と客の心が温かく通い合う出会いになるのです。

茶会にかぎらず、一般的に言っても、人を招待する時は、事前に相手を喜ばす方法について考えておくことがとても重要なのです。たとえば、

・どのような話題を持ち出せば、話がはずむだろうか？
・どのような食事でもてなせば、相手は満足してくれるだろうか？
・どのような場所で会えば、相手はリラックスできるだろうか？
・お土産を持たせるなら、どのようなものがいいだろうか？

このようなことについて事前に考えておくことで、その出会いが非常に有意義なものになるのです。

そして、心のこもった接し方ができるのです。

「どうすれば、相手に喜んでもらえるか」を考える。

人と別れた後は、その人のことについて考えてみる

茶道の言葉に、「余情残心《よじょうざんしん》」というものがあります。

茶道では、「一期一会」に並び、大切にされている言葉です。

この「余情残心」という言葉にある「余情」には、「印象深い、しみじみとした味わい」といった意味があります。

「残心」とは、「心に残っている印象」ということです。

この「余情残心」には、次のような意味があります。


茶会が終わり、客は帰って行きます。

その茶会が終わった後、亭主は帰って行った客について、「あの人は、いい人だった。人間的に、すぐれたものを持つ人だった」など、しみじみと考えます。

また、客も、亭主と別れた後、その亭主について、「心のやさしい、誠実な人だっ

た。いい、おもてなしをしてくれる人だった」と思います。

このようにして、その日に出会った人と別れた後に、その出会った人の印象について、あれこれと思いを巡らすことが「余情残心」なのです。

別れた後に、その相手のことをすぐに忘れ去ってしまうのではなく、「いい人だった。やさしい人だった」という印象について思いを巡らすことで、自然に「あの人にまた会いたい」という気持ちも芽生えてきます。

そして、次にまたその人に会う機会に恵まれたならば、その出会いをさらに有意義なものにすることができるのです。

「一生でたった一度きりの出会い」と思って人と会い、そして、その相手と別れた後には、「あの人は、いい人だった」という思いにひたります。この「一期一会」と「余情残心」によって、人と人との愛情や友情は深まっていきます。


「いい人だったなあ」と考えれば、また会いたくなる。

「会合」での出会いも大切にしていく

現代に通じる茶道の創始者は、戦国時代から安土桃山時代（16世紀）にかけて活躍した千利休《せんのりきゅう》です。

千利休は、元来は堺《さかい》（現在の大阪府堺市）の商人でしたが、商売のかたわら茶道に熱中していました。

そして、現代に通じる茶道の作法、茶道の精神を作りあげました。

また、当時の天下人だった織田信長や豊臣秀吉の茶道の師匠となって取り立てられて、茶人としての名声を高めていきました。

千利休は、茶道の一番の心得として、「茶会に臨む際は、その『一期《いちご》に一度《いちど》の会《え》』と考えて、主人と客人、お互い相手を尊重して、誠意を尽くして相手に接することが大切だ（意訳）」と述べました。

この利休の「一期に一度の会」という言葉が、後に「一期一会」という熟語に発展したと言われています。

「一期に一度の会」には、やはり、「一生に一度きりの出会い」という意味があります。

また、「会《え》」には、「一対一の出会い」と共に、「会合《かいごう》」という意味もあります。つまり、「複数の人間が集まって出会う」というケースです。

「そのような複数の人間の集まりであっても、その一人一人との出会いを大切にしていく」ということです。

まさにその当時の茶会は、複数の人たちで集まって、お茶を飲むことが多かったのです。

何かの会合で大勢の人が集まった時も、そこにいる人たちを分け隔てることなく、一人一人に誠意を尽くして、その出会いを大切にしていくことが重要です。

一人一人を分け隔てることなく大切にする。

名誉欲や利益欲を捨てて、人に会うほうがいい

千利休の「利休《りきゅう》」という名前の由来が何であるかは、いくつかの説があるようです。その中の一つの説に、「『名利《みょうり》共に休《きゅう》す』という禅語から取ったもの」というものがあります。

もともと利休は、禅の考え方に強い関心を持っていて、京都の臨済宗の禅寺である大徳寺《だいとくじ》との関係が深かったとも言われています。

そのため禅語から取って、自分の名前をつけたのかもしれません。

ところで、「名利共に休す」の「名利」は、「名誉欲を追い求める心」と「利益欲を満たそうという心」を指します。

そして、「休す」には、「そのような欲心《よくしん》を消し去る」という意味があります。つまり、「名利共に休す」とは、「名誉欲や利益欲といったものを消し去る」ということです。

人によっては、「あの有名人と知り合いになれれば、私の名誉欲も満たされる」という気持ちで、人と会う人がいるかもしれません。

あるいは、「あの人とつきあえば、大きな利益が得られるかもしれない」という下心から、人との出会いを求める人もいるかもしれません。

しかし、そのような名誉欲や利益欲を持っていると、「人との出会いが、つまらないものになる」と利休は考えたのでしょう。

そこで自分の名前を「利休」として、「名誉欲や利益欲を捨てて、わだかまりのない素直な心で人と会いたい。それでこそ、その出会いは有意義なものになる」ということを自分に課したのだと思います。

名誉欲や利益欲があると、つまらない出会いになる。

「初めての人」と「再訪の人」を分け隔てない

禅の言葉に、「喫茶去《きっさこ》」というものがあります。

この禅語には、次のようなエピソードがあります。

ある高名な禅の僧侶がいました。この僧侶のもとには、しばしば禅の修行者が教えを聞きに訪れました。

その僧侶はやって来た修行者に、「あなたはこれまで、ここに来たことはありましたか」と尋ねました。修行者が「初めて来ました」と答えると、その僧侶は決まって、「まあ、お茶でもお召し上がりください」と言いました。

また、修行者の中には、その僧侶から、「あなたは、これまで、ここに来たことはありましたか」と尋ねられて、「以前に来たことがあります」と答える人もいました。

その人に対しても、その僧侶は、「まあ、お茶でもお召し上がりください」と言いました。

この「喫茶去」という言葉には、「まあ、お茶でもお召し上がりください」という意味があるのです。つまり、この禅の僧侶は、「初めて訪ねてきた人」であっても、「以前に訪ねてきた人」であっても、分け隔てることなく、両者に同様に、「まあ、お茶でもお召し上がりください」と、ていねいに対応したのです。

この禅語は、「出会った人に対して、分け隔てた対応をしてはいけない」ということを教えているのです。

人は、往々にして、「有名な人や、利益になりそうな人は大切に扱うけど、無名な人や、利益になりそうもない人は適当に扱ってしまう」ということをしてしまいがちです。

しかし、そのように出会う相手を分け隔てるのではなく、誰に対しても誠実に接してこそ、その出会いは有益なものになるのです。

誰に対しても誠意を持って接する。

寛《くつろ》いだ雰囲気の中で、お互いの気持ちは通い合う

禅の言葉に、「且坐喫茶《しゃざきっさ》」というものがあります。

この禅語にある「且坐《しゃざ》」には、「ゆっくり座って」という意味があります。「喫茶」とは、「お茶を飲む」ということです。

Aという禅の修行者が、諸国を巡りながら修行に励んでいました。

その途中、Aは、Bという禅の修行者に出会いました。

Bは、さっそくAに、「禅とは何か」「悟りとは、どういうことか」と問いかけました。

それをきっかけに、禅や悟りに関して、激しい論争になりました。

そして、お互いに論争に疲れた頃になって、BがAに「ゆっくり、お茶でも飲みませんか」と語りかけました。

この「且坐喫茶」は、「ゆっくり寛《くつろ》いで、お茶でも飲みましょう」という意味です。

難しい問題で言い争っていても、それは「いい出会い」にはなりません。

論争などをするのはやめて、まずはゆっくりお茶でも飲みながら、打ち解けた雰囲気の中でお互いの心を通い合わせてこそ、それは「いい出会い」になるのです。

難しい話でいくら意見を闘わせても、そのような「心の通い合い」は生まれません。

かえって、相手への反感や怒りの感情が芽生えてしまいます。

そうなれば、それは「いい出会い」にはならないでしょう。

お互いに、「あの人は、いい人だ。あの人とは仲良くやっていけそうだ」という気持ちを抱いてこそ、いい出会いになるのです。

そのためには、まずは、寛いだ雰囲気を作ることが肝心です。


論争するよりも、打ち解けた雰囲気の中でお茶でも飲む。

難しい話より、気楽な話がいい

出会った人と「どのようなことを話題にするか」ということが、その出会いを有意義なものにするための大切なポイントになります。

この場合、「難しい話題」や「言い争いを生み出すような話題」は避けるほうがいいでしょう。

そのような難しい話題を持ち出すと、その場の雰囲気が堅苦しいものになってしまいます。

その結果、心の温かい交流が生まれにくいのです。

また、言い争いを生み出すような話題を持ち出してしまったら、その相手を自分の味方に引き入れるどころか、お互いに「あの人とは二度と会いたくない」という反感を抱きあう関係になってしまう危険性もあります。

そういう意味では、まずは寛いだ雰囲気で、お互いの心が通い合うような話題を持ち出すのが賢明です。

それでこそ、それは「いい出会い」になります。

たとえば、難しい話よりも、お互いに気楽に話し合えるような「趣味の話」をするという方法があります。

また、言い争いを生み出すような話題ではなく、お互いに意気投合し、握手できるような話題を選びます。

お互いに旅行が好きならば、旅行の話をしてもいいと思います。今まで行ったことのある旅行先について話せばいいのです。

そうすることによって、それは「いい出会い」となり、その出会いをきっかけにして、お互いの仲が親密なものになっていくのです。


気楽な話のほうが、親密な出会いができる。

一緒にいる人と「今」を大いに楽しむ

「一期一会」という言葉の意味には、一つには、「『この人と会う機会』は、一生で一度きりになるのかもしれないのだから、この出会いを大切にしよう」という解釈があります。つまり、「機会が一度限りだ」という解釈です。

一方で、それとは別に、この「一期一会」という言葉は、「『この人と会っている時間』は、もう二度と巡ってはこないのだから、今というこの時間を大いに楽しもう」という解釈の仕方もあります。

これは、「この時間は一度限りだ」という解釈の仕方です。

たとえば、ある人と出会い、楽しい時間を過ごしているとします。

その「楽しい時間」は、今日限りのもの、また、今だけのものなのです。

その「楽しい時間」は、一度過ぎ去ってしまえば、もう二度とは戻っては来ません。

それが「時間」というものなのです。

「今の楽しい時間」は、明日になれば消え去ってしまいます。

時間の流れを巻き戻して、その「楽しい時間」をふたたび経験することはできません。

従って、今現在の「楽しい時間」を大いに楽しむことが大切なのです。

この「人と会っている今この時間を大いに楽しもう」という意識を持つことも、その出会いを充実したものにするためのコツなのです。

せっかくいい出会いを得たというのに、ボンヤリした気持ちで「今」という時間を過ごしてしまうことは、もったいないです。

相手と一緒に過ごす「今」という時間に集中し、そして、「今」というこの時間を大いに楽しむことが大切です。


「楽しい時間」は、もう二度と戻って来ない。

第2章

出会った相手に「自分の味方」になってもらう

「自分の味方になってくれる人」がいてこそ幸せである

心理学に、「メンター」という言葉があります。

この「メンター」には、「支援者」という意味があります。

たとえば、何か困った状況におちいって苦しんでいる時に、自分の味方になってくれて、アドバイスしてくれたり、励ましてくれる人のことです。

また、大きな失敗をして落ち込んでいる時に、自分に寄り添って、慰めてくれたり、立ち直る力を与えてくれる人のことです。

「メンター」、つまり「自分の味方になって、自分に寄り添ってくれる人」が身近にいれば、安心ですし、力強く感じられます。

一人の人間が幸せに生きていくためには、この「メンター」、つまり「自分の味方になってくれる人」の存在がとても重要な意味を持つのです。

しかし、そのような「親身になって、自分の味方になってくれる人」を得ることは、簡単なようで、実際には意外と難しいのです。

その証拠に、困った状況におちいって苦しんでいる時に、身近に「味方になってくれる人」が一人もおらず、その孤独感に悲しい思いをしている人も少なくありません。

では、どのようにすれば「味方になってくれる人」を得ることができるのでしょうか。

それは日頃の生活の中で出会う人たちに、まさに「一期一会」の精神で接していくということしかないと思います。

日頃の一つ一つの出会いを、誠意を持って大切にしていく、ということです。

そうすれば、必ず、「親身になって、自分の味方になってくれる人」が現れ、その人と強い絆を結んでいくことができると思います。

一つ一つの出会いを大切にして「メンター」を得る。

困っている時に助けてくれる人を大切にしていく

「頼りにしていた人が、いざという時に頼りにならない」ということがあります。

ふだんは「何か困ったことがあった時は、言ってください。必ず力になりますから」と言ってくれていた人なのにです。

いざ困ったことが起こった時に、「力を貸してもらえませんか」と頼みに行くと、「私も今、自分のことで精一杯なんです。あなたのために何かやっていられる場合じゃないんです」などと断られてしまうのです。

このように、いざという時に頼りにならない人というのは、本当の意味での「味方になってくれる人」ではないと思います。

自分が困っている時、悩んでいる人に、やさしい救いの手を差しのべてくれる人こそが、本当の意味での「味方になってくれる人」なのです。

古代ギリシャの喜劇作家メナンドロス（紀元前4～3世紀）は、「逆境の際の最大の慰めは、思いやりのある心に出会うことだ」と述べました。

この言葉にある「思いやりのある心に出会う」とは、言い換えれば、「思いやりのある人に出会う」ということです。困っている時に、そのような「思いやりのある人に出会う」ことは、とてもうれしい経験になるものです。

確かに、困った状況にあるというのに、何もしてくれない人がいるかもしれません。

逆に、困っている状況にいる自分を見つけて、「どうしましたか？　私が力になりましょうか？」と声をかけてきてくれる、心やさしい人もいるのです。

そのような人との出会いこそ、まさに「一期一会」の精神で、大切にするほうがいいでしょう。

その人こそが、今後一生つきあっていけるような、本当の意味での「自分の味方になってくれる人」、つまり「メンター」になるかもしれないからです。


困っている時に、「一期一会」の出会いがある。

失恋した後に本当の「運命の人」に出会うこともある

ある女性タレントが、次のようなことを言っていました。

「失恋は、運命の人に出会うために通らなければならない扉《とびら》のようなものだ」というのです。

失恋をすると、その本人は、強いショックを受けます。

悲しい思いになりますし、精神的に落ち込みもします。

しかし、そんな時に、「なんだか元気がないですね。どうかしたんですか」と、やさしい声をかけてくれる人が現れることがあるのです。

そして、落ち込んでいる時に現れる、そのようなやさしい人こそが、本当の意味で自分にとっての「運命の人」である場合もあるのです。

実際に、失恋直後に出会った人と、その後結婚して幸せに暮らしている人もいます。

そういう意味で、この女性タレントは、冒頭の言葉を述べたのだと思います。

失恋した時にやさしくしてくれる人が運命の人ではなくても、メンターになる可能性はあります。

というのも、自分が落ち込んでいる時に、やさしい声をかけてくれる人こそ、本当の意味で「自分の味方になってくれる人」である場合があるからです。

自分としても、悲しい時にやさしいことを言ってもらえると、心からうれしく感じるものです。

そういう意味で、失恋した後に出会った心やさしい人が「運命の人」や「メンター」になるケースもあるのです。

従って、失恋して落ち込んでいる時、やさしい声をかけてくれた人に、「ほっといてください」などと冷たくあしらってしまわないほうがいいと思います。

失恋した後の出会いを大切にする。

「心やさしい人」との出会いを大切にしていく

絵本作家として活躍した人物に、やなせたかし（20～21世紀）がいます。

テレビアニメとして人気を博した『アンパンマン』の原作者として有名です。

このやなせたかしは、次のように述べました。

「幸福とは何か？　この命題に対してはいくつかの答えがあります。

たとえばそれは健康であり、たとえばそれは成功であり、あるいは草むらの上をはだしで歩くことといった、ふつうのごく素朴なよろこびもまた幸福です。

でも、その最大のものは、やはり『めぐりあい』、人と人との出会いです」

確かに、「何に幸福を感じるか」ということを考えた時、人それぞれなので、その答えはたくさんのものがあるのでしょう。

たとえば、「健康」や「成功」などです。

しかし、人にとってもっとも幸福を感じるのは「人との出会い」であると、やなせたかしは指摘しているのです。

その「人との出会い」の中でも、特に、自分が落ち込んでいる時や、悩んでいる時に、「心やさしい人」に出会うことほどうれしく、また、幸せに感じることはないのではないでしょうか。

旅先で道に迷ってしまった時に、「どうしました？　どこへ行くんですか？」と、やさしく声をかけてくれる人に出会っただけでも、心があたたかくなり、とてもうれしい気持ちになるものです。

それは、まさに「一期一会」の出会いなのですが、そんな出会いを大切にしていく生き方が、幸せに生きていくための大切なコツにもなるのです。

「健康」や「成功」よりも、「人との出会い」に幸せを感じる。

「話を聞いてくれる人」に出会うだけで幸福になれる

次のような話があります。

ある若手の経営者は、以前、業績が思ったように上がらず、とても苦しい経営状況におちいっていた時期があったと言います。精神的にも、疲れ切っていました。

しかし、社員たちの前で暗い顔をしていたら、社員たちをも不安な思いにさせてしまうことになります。ですから、社員たちの前では、できるだけ明るく元気に振る舞っていました。けれども、無理をして明るく振る舞うことが新たなストレスになって、よけいに気持ちが落ち込んだりもしました。

そのために、彼は、苦しい胸の内を誰かに聞いてもらいたいと思ったのです。

そのような時、たまたま入った喫茶店で、オーナーの女性に出会いました。

ちょうど彼と同年代くらいに見える女性でした。

話を聞くと、彼女は、脱サラして喫茶店を始めたと言います。

小さな喫茶店だったのですが、それでも自分で経営していくのは大変だと言います。そんな話を聞くと、彼も、自分が経営する会社の業績が思うように上がっていかない悩みを、彼女に聞いてもらいたくなりました。

彼が自分の悩みを話し始めると、彼女はやさしい態度で、熱心に話を聞いてくれました。話を聞いてもらうだけで、彼の心は癒されていきました。

そんな「一期一会」の出会いがきっかけになって、彼と彼女はお互いに惹かれあうようになったのです。

お互いに、「自分の味方になってくれる相手」を得ることができたのです。

このように、思い悩んでいる時には、「やさしく話を聞いてくれる人」に出会うだけでも、非常にうれしく感じられ、人と絆を深められるものなのです。

「話を聞いてくれる人」との出会いを大切にする。

出会った人の味方になると、その相手が自分の味方になる

「自分の味方になってくれる人」に出会うためには、まずは自分が、誰か他人の味方になってあげるよう心がけることが大切です。

次のような話があります。

ある田舎に、心のやさしいお婆《ばあ》さんが一人暮らしをしていました。

このお婆さんの家には、近所の小学校の子供たちがよく遊びに来ていました。

最近は夫婦共働きの家が増えているので、子供たちが家に帰ってもそこに親がいない家庭も増えてきています。また、一人っ子も多いので、家に帰ったら、それこそ一人で寂しい時間を過ごさなくてはならなくなります。そのような子供たちが、学校が終わった後、お婆さんの家に遊びに行っていたのです。

お婆さんの家には、もちろん、噂を聞いて、初めてやってくる子供たちもたくさんいました。お婆さんは、初めてやって来た子供に対しても、それこそ「一期一会」の

精神で、お菓子でもてなしてあげたり、やさしい態度で子供たちの悩み事を聞いてあげていました。

ところがそのお婆さんは足が悪く、一人では外出もできない人でした。

しかし、いつも自分たちの味方になって色々話を聞いてくれるお婆さんのために、感謝の印《しるし》として何かしてあげたいと、子供たちがお婆さんの代わりに買い物に行ってあげるようになりました。また、子供たちが車椅子を押して、お婆さんを散歩に連れて行ってあげるようにもなったのです。

このように「一期一会」の出会いを大切にして、人の味方になってあげようと努力していると、やがて、その相手が自分の味方になってくれるようになるものなのです。

まずは自分が誰かのために味方になってあげる。

困っている時に助けられた人は、きっと恩返しをする

２０１６年、熊本地方で大地震が発生し大きな被害が出ました。

その際、全国から多くのボランティアの人たちが集まって、被災地の復興のために努力しました。

その時、熊本で飲食店を営んでいた男性がいました。

彼が営んでいた店や自宅は、大きな被害を受けました。

とても一人では片づけられないほどの被害でしたが、多くのボランティアの人たちが来てくれて、後片づけを手伝ってくれたのです。

もちろんボランティアの人たちは知人でも何でもなく、その日初めて会った人ばかりでした。そんな「一期一会」の出会いだったのですが、ボランティアの人たちは一生懸命になって働いてくれたといいます。

そして、被災者に寄り添って、被災者の味方になって、色々と相談事に乗ってくれ

たのです。

その後、大阪や広島などで自然災害が発生しました。

その際、この熊本の男性は、「自分が被災した時に助けてもらった恩返しとして、今度は自分が被災者たちの味方になって復興の手助けをしよう」と、ボランティアとして被災地に向かうようになったのです。

得意の料理の腕を生かして、炊き出しなどのボランティア活動を行いました。

このように、「苦しい時に自分の味方になってくれて助けられた」という経験を持つ人は、「今度は自分が、困っている人の味方になってあげたい」と思うようになります。

それは人間の自然な感情なのです。

従って、常に、出会った人の味方になってあげるよう心がけていけば、今度はその相手が誰かの味方になってくれます。

困った人を助けていれば、親切の輪が広がる。

日常生活の中で「身施《しんせ》」を積み重ねていく

仏教に、「身施《しんせ》」という言葉があります。

「身《み》をもって施《ほどこ》す」ということです。

この「身をもって」とは、「体を使って」という意味です。

「施す」とは、「恵まれない人、困っている人、悩んでいる人のために、何か手助けになることをしてあげる」ということです。

たとえば、どこかで、お年寄りが重い荷物を持って、苦労しながら横断歩道を渡っていたとします。その人は脚が悪い上に、重い荷物を持っているため、なかなか速く歩くことができません。

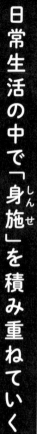

そのため、横断歩道の信号が、青から赤に変わりそうになっているのに、渡りきることができない様子です。

そのような時に、やさしく「荷物を持ってあげましょうか」と声をかけて、そのお年寄りが横断歩道を渡るのを手伝ってあげるのです。

このように自分の体を使って困っている人の手助けをしてあげるのが「身施」です。日常生活の中で出会った人に対して、「身施」を実践していくと、その人にはきっと大きな恩恵がもたらされる、と仏教は説くのです。

その「恩恵」とは何かと言えば、たとえば、自分自身が何か困った状況になった時には、そんな自分を助けてくれる人との出会いが待っている、ということです。

この「身施」を、あまり大げさに考える必要はありません。

ちょっと自分の体を使って、出会った人のためにできることはたくさんあると思います。ハンカチを落とした人と出会ったら、そのハンカチを自分が拾ってあげるのでもいいのです。

そのような「身施」を積み重ねることで、自分自身が安らかに生きていけます。

自分の体を動かして、出会った人のためになることをする。

困っている人がいたら、見て見ぬふりをしない

困っている知人や友人がいても、「私には関係ない」と、知らないふりをしてしまう人がいます。

しかし、そこで、困っている人にやさしく声をかけて、その困っている人の味方になり、自分にできることがあれば力になってあげてもいいのではないでしょうか。

そうすれば、そこに「一期一会」の縁が生まれます。そして、自分が助けてあげたその人は、いつか、自分の味方になってくれて、今度は自分を助けてくれるかもしれないのです。

イソップ物語に、『アリとハト』という話があります。

ある時、一匹のアリが水を飲みに、泉までやって来ました。しかし、足をすべらせて水に落ち、おぼれそうになりました。

それを見たハトが、木の小枝を折って泉に落としてやりました。そのアリは小枝に

はいあがって助かりました。

ちょうどそこへ、そのハトを捕まえようと、一人の男がやって来ました。

それに気づいたアリは、「これは大変だ」と思い、その男の足に思いさり噛《か》みつきました。

男は「痛い！」と飛び上がると、逃げて行きました。

この話は、何か困っている者がいたら、それを見捨てないで、助けてあげることが大切だ、ということを示しています。

助けてあげれば、その相手は、きっと、自分が困った状況になった時に、「恩返し」として助けてくれる、ということなのです。

アリの命を助けたハトは、アリから命を救われる。

命を助ければ、命を救われる

イソップ物語に、『お百姓《ひゃくしょう》さんとワシ』という話があります。

あるお百姓さんが、畑へ出かけて行きました。その途中、ワナにかかった一羽のワシを見つけました。

それは、とても羽の美しい、立派なワシでした。

そのお百姓さんは、その立派なワシに見とれていましたが、だんだん、そのワシを助けてあげたくなりました。

そして、実際に、ワナからワシをはずして逃がしてやりました。

何日か経ちました。お百姓さんが古い石壁を背もたれにして、腰を下ろして一休みしていると、この前助けてあげたワシが飛んできて、その脚でお百姓さんの頭から帽子を奪い取って行きました。お百姓さんは慌てて立ち上がると、「何をするんだ」とワシを追いかけていきました。

するとそのワシは帽子を地面に落として、飛び去っていきました。

お百姓さんは、帽子を拾い上げながら、「この前は命を助けてやったのに、なんて恩知らずなワシだろう」と、腹を立てました。

すると、背後でガタガタという音がしました。

驚いて後ろを振り返ると、そのお百姓さんが先ほどまで背をもたれかけて休んでいた古壁が崩れていたのです。

実は、古壁が崩れそうになっているのに気づいたワシが、お百姓さんの帽子を奪い取って、そのお百姓さんの命を助けてあげたのです。

この話にあるように、もし困っている人がいた時は、それを助けてあげると、いつか、自分が救われる時がやって来るかもしれません。

「恩返し」を信じて、人のためになることをする。

人と人とは支え合いながら生きている

人は一人では生きてはいけません。色々な人に支えられて生きているのです。

「人」という文字の形を見ていると、それがわかるような気がします。

「人」という文字は、まさに二人の人間がお互いに支え合いながら立っているように見えます。

これは、「人間は、誰かとお互いに支え合いながらでないと、しっかり生きていけない」ということも物語っているようにも見えます。

そういう意味で言えば、「自分を支えてくれる人」「自分の味方になってくれる人」をいかに増やしていくかが、幸福に暮らしていくための重要なポイントになります。

では、具体的に、どのようにすればいいかと言えば、それは、「人との出会い」というものを大切にしていきながら、自分がまず「出会った相手を支える人になる」「出会った相手の味方になってあげる」ということを心がけることです。

そうすることで、相手から支えられ、味方になってもらえるようになるのです。

仏教には、「功徳《くどく》」と「福徳《ふくとく》」という言葉があります。

「功徳」とは、「良いことをする」という意味です。

出会った人の助けになってあげたり、慰めたり、励ましたりすることです。

そのような「功徳」を積んでいけば、「福徳」がもたらされます。

この「福徳」には、「大きな幸せに恵まれること」という意味があります。

すなわち、出会った人のために尽くして「功徳」を積めば、やがて、出会った人たちが自分のために「福徳」という大きな幸せをもたらしてくれる、ということです。

従って、出会った人には「一期一会」の精神を持って、その相手のためになることをしてあげるのです。そうすれば多くの「福徳」に恵まれると思います。


「人」という文字は、二人の人間が支え合っている姿に見える。

第3章

新しいことをやって、人と出会う

未知の場所に行くと、そこには「未知の出会い」がある

旅行をすることの楽しみの一つに、「人との出会い」があります。

たとえば、長期間の船旅をするとします。

そこでは、同じ客船に乗り合わせた人たちとの出会いがあると思います。

その中には、まさに「一期一会」の出会いもあるでしょう。

そして、その出会いによって、楽しい時間を満喫することもあります。

その出会いによって、自分の世界が大きく広がることもあるでしょう。

生きることの価値観が変わることもあるかもしれません。

また、その出会いによって、知識が増え、すばらしい経験をすることにもなると思います。

そういう意味で言えば、時に、「一期一会」の出会いを求めて旅に出るのもいいと思います。

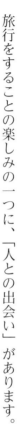

ただし、日常生活を送りながらであっても、旅に出るのと同じように、「人との出会い」を得ることができます。

それは、何か、「新しいことにチャレンジしてみる」ということです。

たとえば、趣味として俳句を始めて、同じ趣味を楽しむ人たちが集まる俳句サークルに初めて参加してみてもいいでしょう。それまで参加したことのないダンス教室に行ってみる、ということでもいいと思います。

それは、「今まで行ったことのない場所へ行く。そして、新鮮な体験をする」という意味で、まさに「旅」と同じなのです。

そして、そのような新しい場所でも「人との出会い」が生まれ、それが生きることへの良い刺激になるはずです。

新しいことにチャレンジして、そこで人と出会うのもいい。

人生は旅のようなもの。積極的に未知の場所へ行く

人の人生は、よく「旅」に例えられます。

たとえば、明治から昭和にかけて活躍した歌人の若山牧水《わかやまぼくすい》（19〜20世紀）は、「私は常に思っている。人生は旅である」と述べました。また、同じく明治から昭和にかけて詩人として、また小説家として活躍した島崎藤村《しまざきとうそん》（19〜20世紀）も、「旅ではないか、誰だって人間の生涯は（意訳）」と書きました。この若山牧水や島崎藤村の言葉にある「旅」は、必ずしも本当に旅するという意味で用いられているわけではありません。

むしろ象徴的な例えとして使われています。

すなわち、今まで行ったことのない場所へ行き、そこで今までしたことがない経験をして、見も知らずの人と思いがけなく出会う「旅」と同じように、人生もまた、絶えず、行ったことのない場所へ行き、したことがないことを経験し、未知の人に出

会っていくことの繰り返しだ、ということです。

言い換えれば、旅をするようにして、人は、「未知の分野を開拓し、未知の分野にチャレンジしていくことが大切だ」ということをも示していると思います。

そのように考えて日々を過ごせば、旅をすることが楽しいように、生きるということも喜びに満ちたものになる、ということです。そういう意味で、

「行ったことのないところに行ってみたい」

「やったことがないことをやってみたい」

という好奇心と意欲を旺盛に持って生きることが大切です。

そこに、楽しい「一期一会」の出会いが生まれると思います。


「やったことがないことをやってみたい」という意欲を持つ。

「ふだんの生活範囲」から飛び出してみる

生活範囲が狭《せば》まっていくにつれて、気持ちがマンネリ化していきます。

この「生活範囲が狭まる」とは、言い換えれば、「いつも同じ場所を往復し、ある少数の同じ人たちばかりと顔を合わせている」という状態です。

そして、気持ちがマンネリ化していくと、毎日がつまらなくなっていきます。

喜びもなく、楽しく感じることもなくなって、だんだんと生きる意欲を失っていきます。

そのような状態にならないために大切なことは、「ふだんの生活範囲」にばかり閉じこもっていないで、時にはそこから飛び出して、今まで行ったことのない場所へ行ったり、やったことがないことにチャレンジしたり、今まで会ったことがない人との新しい出会いを求めたりすることが大切です。

それが良い刺激となって、生きる喜びや楽しみがよみがえってくるのです。

「ふだんの生活範囲から飛び出す」とは言っても、あまり大げさに考える必要はありません。

たとえば、今まで入ったことがないカフェや雑貨屋さんに入ってみる、ということでもいいのです。

そこには、店主や店員という「今まで会ったことがない人」がいます。

そして、その店主や店員と会話することによって、「一期一会」の出会いが生まれるのです。

新鮮な心の交流が生まれる場合もあるでしょう。

そんな出会いが新鮮な刺激になって、生きる喜びや楽しみを実感できるのです。それが、生きる意欲も生み出してくれるのです。

行ったことのないカフェに入って、店主に話しかけてみる。

本のページをめくるように、人生のページをめくっていく

北アフリカの、現在のアルジェリアで生まれた神学者のアウグスティヌス（4～5世紀）は、「世界は一冊の本のようなもの。旅をしないということは、その本の一ページしか読まないようなものだ」と述べました。

このアウグスティヌスの言葉にある「旅をしない」というのも、ある意味比喩的な表現であって、「新しいことにチャレンジしない」ということを意味しています。

また、「その本の一ページしか読まないようなものだ」とは、「たくさんある人生の楽しみの中の、そのほんのわずかな一部分しか楽しめない」ということを示しています。

本の一ページしか読まずに終わってしまったら、その本を読み終えた時の大きな達成感と喜びを感じることはできないでしょう。

それと同じように、新しいことに何もチャレンジせずに終わってしまったら、きっ

と、年老いてから自分の人生を振り返った時、「やるべきことを、すべてやった。満足のいく人生だった」という充実感を味わうことができないと思います。

従って、本を次のページ、新しいページへとどんどん読み進めていくように、積極的に新しいことにチャレンジして、「人生という本のページ」を次々と開いていくほうが充実すると思います。

「人生という本のページ」を新しく開く時、そこには今まで経験したことがなかったような、新しい感動が生まれます。

新しい知識も吸収できます。

そして、そこにはたくさんの「新しい出会い」が待ち受けているのです。

その出会いが、自分の人生に大きな良い影響を及ぼしてくれると思います。

「人生のページ」をめくった時、そこには新しい出会いが待っている。

後悔しないように、やりたいことをやってみる

アメリカの小説家に、マーク・トウェイン（19～20世紀）がいます。『トム・ソーヤーの冒険』や『ハックルベリー・フィンの冒険』などの冒険小説の作者として有名です。

このマーク・トウェインは、「今から二十年後、人は、『やったこと』よりも『やらなかったこと』にずっと後悔することだろう。さあ、船を繋《つな》ぎ止めている綱を解き放て！　安全な港から船を出せ！　探検せよ、夢を抱け、発見せよ！」と述べました。

「私は、これをやりたい」というものがあっても、「私には無理だ」「どうせ失敗することになるだろう」などと様々な理由をあげて、結局は「何もしない」まま人生を終えてしまう人がいます。

そのような、「やりたいことがあったのに、それをしなかった」という人は、後々、「あの時、勇気を持って、やっておけばよかった」と後悔することになるの

です。

マーク・トウェインは、この言葉で、「どうせ後悔するのであれば、思い切って、やりたいことにチャレンジするほうが賢明だ」と説いているのです。

この言葉にある「船を繋ぎ止めている綱を解き放て！　安全な港から船を出せ！　探検せよ、夢を抱け、発見せよ！」とは、つまり、「やりたいことに向かって、行動を起こそう」ということです。

そのようにして、やりたいことに向かって積極的に行動していくほうが、満足のいく人生を実現できます。

また、行動を起こせば、そこで「人との出会い」が生まれます。親友や、恩師となる人や、運命の人との出会いが待っているかもしれません。

言い訳をせずに、夢に向かってチャレンジする。

「運命の人」は、待っていてもやって来ない

大正から昭和にかけて活躍した教育者であり、また哲学者だった人物に、森信三《もりしんぞう》（19〜20世紀）がいます。

彼は、「人間は一生のうちに、会うべき人には必ず会える。しかも、一瞬早すぎず、一瞬遅すぎない時に」と述べました。

確かに、森信三がこの言葉で言っている通り、人はその一生の中で、自分の運命を変えてしまうような人と出会うことがあるものです。

それは、成功のチャンスをもたらす人でもあるでしょう。

生き方の哲学を教えてくれる恩師であるかもしれません。

一緒に家庭を築いていくパートナーでもあると思います。

また、この言葉にある、「一瞬早すぎず、一瞬遅すぎない時に」とは、言い換えれば、「ちょうどいいタイミングで」という意味を表していると思います。

つまり、「ちょうどいいタイミングで、自分にとって、いわば『運命の人』に出会うことになる」ということです。

しかし、そのような「運命の人」は、待っていても、向こうから現れることはないと思います。

何もせず、ジッとしていれば、「運命の人」は向こうから迎えに来てくれる、ということはないと思います。

もし、そんな「運命の人」に会いたいのであれば、自分から積極的に「運命の人」を探しに行くことが必要なのです。

自分の夢に向かって積極的に行動を起こしましょう。

その行動の先で、「運命の人」が待っていてくれると思います。

「運命の人」との出会いは必ずある。

夢に向かっている人に「運命の出会い」がやって来る

「なかなか運命の人に出会えない」と嘆く人がいます。

このように言う人は、そもそも日常生活の中で「人と出会う機会が少ない」ということが多いようです。

毎日、自宅と仕事場を往復するだけの単調な生活で、顔を合わせる人もいつも決まった相手ばかりだから出会えないのでしょう。

これでは、自分の運命を変えてくれるような、運命的な出会いを得ることは難しいのではないでしょうか。

「運命の人」と出会うには、このような「単調な生活」を変える必要があると思います。

まず大切なのは、「自分ならではの夢を持つ」ということです。

たとえば、「自分が好きなものを並べた雑貨屋さんを始めてみたい」といった夢です。

そのような夢が見つかれば、「今人気の雑貨屋さんを回って、実際に自分の目で見て勉強しよう」という意欲が生まれます。

また、「個人事業主としてやっていくためのノウハウを勉強する講習会に参加してみよう」という意欲も生まれてくるでしょう。

このようにして、夢に向かって積極的に行動を始める先に、「運命的な出会い」は待っているのです。

積極的にチャレンジしていくことで、「あなたの味方になってあげたい。あなたの夢を応援してあげよう」と言ってくれる人との出会いがあるのです。

何の夢も持たない人に、「あなたの夢を応援したい」と言ってくれる人が現れることはないのです。

自分ならではの夢を持ち、夢に向かって行動する。

志を持って行動すれば、同じ志を持つ人間に出会う

次のような話があります。

ある女性は、以前から、海外ボランティアに参加したいと思っていました。アフリカの貧しい人たちを支援するボランティア活動です。

しかし、当初は、なかなか海外ボランティアに参加する勇気がなかったといいます。アフリカの現地で、自分が本当に困っている人たちの役に立つ仕事ができるかどうか自信がなかったのです。

また、海外ボランティアに参加するためには、今の仕事を長期間休職する必要もありました。

しかし、彼女は勤めている会社の許可を取って、思い切ってアフリカの現地まで行って、ボランティアに参加することにしたのです。

そして、そこで「運命の出会い」をしました。

彼女と同じ志《こころざし》を持って、アフリカまで来てボランティア活動をしていた男性と知り合ったのです。

彼女はその男性と恋に落ちました。現在は、夫婦で力を合わせて、アフリカの貧しい人たちを支援する活動を熱心に行っています。

この事例のように、志を持って積極的に行動していると、同じ志を持つ人との出会いが生まれることがあります。

そして、同じ志を持った人と出会った時は、これはまさに一生で一度きりしかない「一期一会」の出会いだと考えて、その出会いを大切にしましょう、

そうすれば、お互いに協力しながら同じ志を目指していく関係を築いていくことができるのです。

同じ志を持つ人間を、自分の味方にする。

同志と出会うことで、大きなことを成し遂げることができる

幕末の英雄に、坂本龍馬《さかもとりょうま》（19世紀）がいます。

龍馬は、「志ある人間」の一人でした。

その志とは、「日本を変えたい」というものです。

この龍馬は、もともとは、土佐藩《とさはん》（現在の高知県）の藩士でした。

しかし、土佐藩の中にいたのでは、「日本を変えたい」という志を遂げられないと考えた龍馬は、行動を起こしました。

土佐藩を脱藩《だっぱん》して、外の世界へ出て行ったのです。

そして、やはり「日本を変えたい」という同じ志を持った人たちと出会います。

たとえば、当時幕府の海軍の指導者だった勝海舟《かつかいしゅう》です。

龍馬は勝から船の操縦の仕方を学び、後に、海運商社である海援隊《かいえんたい》を設立します。

また、薩摩藩の西郷隆盛《さいごうたかもり》、長州藩の木戸孝允《きどたかよし》（旧名 桂小五郎《かつらこごろう》）と出会い、この二

人の仲介役になることで、薩長《さっちょう》同盟を実現させました。

この薩長同盟が明治維新の原動力になったのです。

坂本龍馬の事例からもわかるように、志を持って積極的に行動していると、同じ志を持つ人間と出会うチャンスが巡ってくるものなのです。

そして、その同じ志を持つ人間に、まさに「一期一会」の精神を持って真正面からぶつかっていけば、その相手と同志として協力しあって大きなことを成し遂げることが可能なのです。

同じ志を持つ人間に出会うことによって、自分が持っている能力以上の大きな力を発揮できるのです。

志を持って、積極的に行動してみる。

「1+1」が「4」にも「8」になる

フランスの歴史学者であり、また思想家でもあった人物にジュール・ミシュレ（18～19世紀）がいます。

18世紀のフランス革命の歴史を研究して著作にまとめた人物として有名です。

このミシュレは、「生命と生命とが出会う時、その輝きが増すが、孤立すれば消えてしまう（意訳）」と述べました。

この言葉にある「生命と生命とが出会う時」とは、「人と人とが出会う時」ということを意味しています。

しかも、同じ夢、同じ志を持つ者同士が出会えば、より一層輝きが増すのです。

「輝きが増す」とは、出会った者同士がお互いに、志をさらに強化する、ということです。

また、しっかりと協力することによって、お互いに持っている能力を何倍にもして発揮できるようになるのです。

同じ夢、同じ志を持つ者同士が出会うと、「1＋1＝2」になるのではなく、「1＋1」が「4」にも「8」にも大きくふくらんでいくのです。

そして、同じ夢、同じ志を持つ者同士が出会って協力すると、周りの人たちをアッと驚かせるような大きなことを成し遂げることができるのです。

もちろん、そのような、自分と同じ夢、同じ志を持つ人間と出会う機会というのは、それほど多くはないのかもしれません。

しかし、だからこそ、もし自分と同じ夢や志を持つ人間と出会う機会があったときには、まさに「一期一会」の精神でその出会いを大切にする必要があります。

そうすれば、出会った相手の協力も得て、大きな成功をつかめるのです。

自分と同じ夢や志を持つ人間との出会いを大切にする。

同じ夢を持つ者が出会うと、お互いに成功する

妖怪を主人公にしたマンガで一世《いっせい》を風靡《ふうび》したマンガ家に、水木しげる（20〜21世紀）がいます。

『ゲゲゲの鬼太郎』や『河童の三平』などの作品の作者として有名です。

この水木しげるは、当初、いわゆる「売れないマンガ家」でした。

大手の出版社が出す有名マンガ雑誌に作品を掲載する機会はなく、原稿料が安い小さな出版社からしかマンガを出せませんでした。

そのために、生活はとても苦しかったといいます。

しかし、それでも水木しげるは、「今までになかったようなユニークなマンガで、世間の人たちを驚かせたい」という夢は捨てませんでした。

一方、ある大手出版社のマンガ雑誌の編集部に、やはり「今までになかったようなユニークなマンガをプロデュースして、世間の人たちを驚かせたい」という志を持っ

た編集者がいました。

この編集者は、偶然、水木しげるの描いたマンガに出会います。

「これだ！」と直感したその編集者は、さっそく水木しげるに会いに行き、自分がいる出版社で出している雑誌にマンガを描いてくれるように依頼しました。

「これは、大きなチャンスだ」と感じた水木も、その依頼を受けました。

水木がその編集者のもとで描いたマンガは大反響を呼び、後にテレビアニメとしても放映されました。その結果、水木は大成功を収めたのです。

一方、その編集者も出世して、その出版社の役員になったと言います。

このように同じ夢や志を持つ者が出会うと、「１＋１」が「４」にも「８」にもなることがよくあるのです。

出会った人と協力しあって、お互いに成功していく。

第4章

出会えた喜びを相手に伝える

「会えてうれしい」という気持ちは自然に伝わる

人と会う時には、「あなたと出会えて本当に良かった。この出会いは、私にとって、とてもうれしいものである」という気持ちを持つことが大切です。

心からそのように思っていると、その「良かった」「うれしい」という感情は自然に相手に伝わっていくものです。

禅の言葉に、「以心伝心《いしんでんしん》」というものがあります。

「心を以《も》って、心に伝《つた》う」とも読みます。

一般的にも使われている熟語ですが、すなわち、「真心から思っていることがあれば、それは口にしてあれこれ言わなくても、自然に相手の心に伝わっていくものだ」という意味を表しています。

禅の師匠は、まさにこの以心伝心によって、仏教の大切な考え方を弟子に伝えていく、と言われています。

人と出会う際にも、この以心伝心という心構えを持つことが大切です。

つまり、本心から「あなたと会えて、私はうれしい」と思うのです。

そうすれば、その気持ちは自然に相手の心に伝わっていき、相手もまたうれしい気持ちになっていきます。相手もまた、「この出会いは、私にとって、とても貴重な出会いになる」という思いがしてくるのです。

相手がそのように感じてくれれば、その相手はもう自分の味方になってくれているでしょう。

人と人との心は、このようにして、通じ合っているのです。お互いに響き合っているのです。

言い換えれば、その出会いを有意義なものにするために、まず大切なのは「心の持ち方」だということです。

心から「あなたに会えてうれしい」と思ってみる。

やさしい心のこもった笑顔で人に出会う

人と会う時に大切なものの一つに、「明るい、やさしい笑顔で相手に接する」ということが挙げられます。

そのような「やさしい笑顔」は、それだけで、「私は、心から、あなたに好感を持っています。あなたのようないい人と出会えて、本当に良かったです」という意志表示になるのです。

その笑顔を通して、「好感を持っています」「会えて良かったです」という気持ちが相手に自然に伝わっていくのです。

そして、そのことが相手に伝われば、相手も自分に好感を持ってくれるでしょう。

そこには温かい心の交流が生まれます。

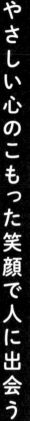

しかし、ここで、注意も必要です。

たとえば、心の中では「なんてつまらない人だろう。こんな人と会っているなんて、時間の無駄だ」と思いながら、そんな気持ちは隠して、笑顔で相手に接したとします。

心の中で、そのようなネガティブな感情を抱いていると、いくら笑顔を作っていても、その「つまらない」「時間の無駄だ」という気持ちが相手に伝わってしまいます。

これも「以心伝心」です。心に思っていることは、いい意味でも、悪い意味でも、相手に伝わっていくようです。

従って、やはり、心から「いい人に出会えて良かった」という気持ちを持って、人と接していくことが大切です。

そのようなポジティブな思いがあるからこそ、そこで見せる笑顔も、相手にいい印象を与えるものなのです。

内心と裏腹の笑顔は、かえって悪い印象を与える。

出会った人の「いいところ」を探す

よっぽど嫌いなタイプでなければ、人との出会いが、「いい出会い」であると言えるのではないでしょうか。

相手がどのような地位の人であれ、その人との出会いは、自分にとって有意義なものであるはずなのです。

しかし、中には、出会った人に対して、「つまらない人だ。こんな人につきあわされるのは、時間の無駄だ」という印象を抱いてしまう人もいます。

しかし、それは、相手のいいところやすばらしいところを、見落としているだけにすぎないと思います。

実際には、その相手は、自分にはない知識や才能を持っている人かもしれません。すばらしいものを持っていて、学ばせてもらえることがたくさんある人かもしれません。

しかし、それに気づかず、「つまらない人だ」と決めつけているだけではないでしょうか。

もし、そうだとすれば、それは非常にもったいないことだと思います。

本当は、せっかく有意義な出会いになるはずなのに、みずからその出会いを台無しにしてしまっているからです。

その意味では、人と出会った時には、まず、「この人は、どんなすばらしい資質を持っている人なんだろう」という好奇心を持つことが大切です。

好奇心を持って人と出会えば、その相手のいいところが必ず見つかります。

そうすれば、相手が持っているいいところから学ばせてもらったり、よい刺激をもらうことができるのです。

つまり、それは「いい出会い」になるのです。


相手の「いいところ」が見つかれば、それは「いい出会い」になる。

自分以外の人間は、みな自分の「師」となる

歴史上の人物を主人公にした小説を数多く書き、国民的作家とも呼ばれた小説家に吉川英治《よしかわえいじ》（19～20世紀）がいます。

『宮本武蔵』や『新・平家物語』の作者として有名です。

この吉川英治の名言に、「我以外《われいがい》、みな我《わ》が師《し》」というものがあります。

これは、「私以外の人たちは、すべて、私に物事を教えてくれる先生だ」という意味を表している言葉です。

人生の中で出会う人たちは、すべて、自分にはない知識や人生経験を持っています。

そのことに気づき、出会った人から、自分の人生に役立つものを吸収しよう、という意欲を持つことが大切です。

そのような、他人に対する好奇心と、そして、いいものを吸収しようという意欲があれば、多くの人に出会えば出会った分だけ、自分という人間がより賢く成長してい

くのです。

また、人に出会うことで自分が成長できるのですから、人に出会うことがそれだけ大きな喜びにも感じられてきます。

ただし、そのようにして、人との出会いを有益なものにし、また、大きな喜びにするために、必要となる心がけが一つあると思います。

それは、「謙虚な気持ちで、人に出会う」ということです。

おごり高ぶって、「私は、あの人よりもすぐれている」という考えを持つのではなく、あくまでも「あの人は、私にはないものを持っている」という謙虚な気持ちで、人と出会っていくことが大切なのです。

謙虚な気持ちで人と出会っていく。

謙虚な気持ちで、人からいいものを吸収していく

日本人で初めてノーベル賞を受賞したのは、物理学者の湯川秀樹《ゆかわひでき》（20世紀）です。彼は1949年（昭和24年）、物理学の研究によって、ノーベル物理学賞を受賞しました。

この湯川秀樹には、物理学の専門家以外の人たちと会ったり、雑誌やテレビで対談などをする時には、ある口グセがあったと言います。

それは、「私は、その分野については素人《しろうと》なので、教えていただきたいのですが……」というものだったといいます。

物理学に関しては、湯川秀樹は専門家だったので、もちろん多くの知識を持っていました。

しかし、物理学以外の分野、たとえば文学であるとか、歴史といった分野に関する知識については、決して詳しいとは言いませんでした。

そのような物理学以外の分野の専門家と話をする時に、「私は、その分野については素人なので、教えていただきたいのですが……」と、よく語りかけたそうです。

ここには、「謙虚な精神で、自分が持っていないものを持っている人から、知識や経験を吸収しよう」という気持ちが表れていると思います。

そのような謙虚な精神を持っていた湯川秀樹という人物は、一生を通して、数多くの「いい出会い」を経験してきたのではないかと思います。

この湯川秀樹が持っていたような、「謙虚に、人からいいものを吸収する」という意識があれば、「いい出会い」が得られるのです。

出会った人に、「教えてもらいたいのですが」と言ってみる。

出会いによって、人生が根底から変わることもある

ユニークな文字を書く書家として、また、わかりやすい詩を作る詩人として活躍した人物に、相田みつを（20世紀）がいます。

この相田みつをは、

「そのときの出逢《であ》いが
人生を根底から
変えることがある
よき出逢いを」

と書きました。

確かに、相田みつをが述べている通り、「人との出会い」によって、自分の人生というものが大きく変わっていくことがあります。

ある人と出会うことにとって、自分が目指すべき人生の方向性が見えてきたり、新

しい夢や希望が見つかることがあるのです。

そして、その結果、良い方向へと、「人生が根底から変わる」ということもあります。

従って、「よき出会い」を求めて生きていくということは、より充実した人生を実現する上でとても大切です。

ただし、そのような「よき出会い」を得るためには、ある心がけが必要になってくると思います。

それは、出会った人に対して、「私がわからないことを教えてください」という謙虚な精神を持つ、ということなのです。

謙虚な精神があってこそ、その出会いから、人生が変わっていくのです。

謙虚な気持ちがあってこそ、出会いから人生が変わる。

自慢話をしても、出会った人から学び取れない

仏教の創始者であるブッダ（紀元前5～4世紀頃）は、「自分をほめたたえ、他人を軽蔑し、みずからの慢心《まんしん》のために卑《いや》しくなった人……このような人が、人間としての品性に欠けた人なのである（意訳）」と述べました。

この言葉にある「自分をほめたたえる」とは、たとえば、人の前で「自分はどんなにすごい人間か」ということを自慢する、ということです。

「他人を軽蔑する」とは、実際には自分は大した人間ではないのにもかかわらず、自分はすごい人間だとうぬぼれて、他人を軽蔑した目で見てしまう、ということです。

そして「慢心」とは、「自分にうぬぼれて、おごり高ぶる」ということを意味します。

そのような人こそ「卑しい人」であり「品性に欠けた人」だと、ブッダは指摘しているのです。

言い換えれば、このようなタイプの人は、人と出会った時、その人から「いいもの

を学び取ろう」という謙虚な気持ちはありません。

むしろ反対に、人に出会った際には、その人に対して自慢話をしたり、その人を見下すような態度を取ってしまいがちです。

従って、自分が高められ成長するような「いい出会い」を得ることはできないのです。

そういう意味から、ブッダも、「謙虚であることが大切だ」と説きました。

謙虚な気持ちで人と出会ってこそ、その相手から、人生にとって大切なことを数多く学び取ることができるのです。

つまり、人間的に成長するための「栄養」を、出会った人から吸収できるのです。

自分にうぬぼれている人は、品性に欠ける。

ほめられることがあっても、あくまで謙虚でいる

中国の春秋時代（紀元前8～紀元前5世紀）を描いた歴史書に、『国語』があります。

この『国語』の中の言葉に、「賢者寵至《ちょういた》りて、ますます戒《いまし》む」というものがあります。

この言葉にある「寵至りて」とは、「人からほめられたり、『すごいですね』と持ち上げられたりすること」を意味します。

また、「戒む」とは、「いい気になってしまわないように、よくよく注意する」ということです。

時々、出会った人に、「あなたのようなすばらしい人には、初めて出会いました」と、ほめられたり、持ち上げられることがあると思います。

そのようにほめられれば、もちろん、うれしく感じることでしょう。

しかし、そこで思い上がって、うぬぼれた気持ちを持ってはいけないのです。

うぬぼれた気持ちを持ってしまったら、謙虚な気持ちで「出会った人から、いいも

のを吸収しよう」という意欲が失われてしまうからです。

従って、出会った人からほめられることがあっても、そこでいい気になって、うぬぼれた考えを持たないように、よくよく注意しておくことが大切なのです。

そして、そのような謙虚な気持ちを忘れないでいられる人が「賢者」である、とこの『国語』の言葉は教えているのです。

さらに言えば、「ほめられても、うぬぼれない人」が、その出会いを生かして、自分をさらに成長させていくことができる人だとも言えるでしょう。

謙虚さが、自分を成長させます。

うぬぼれてしまったら、そこで成長が止まってしまうのです。


うぬぼれてしまったら、そこで成長が止まる。

自分よりも「弱い相手」からも多くのことを学べる

男子柔道の世界で活躍し、世界選手権や、またオリンピックなどの大会で何度も優勝してきた選手がいました。

彼は、試合を通して、数多くの選手に出会いました。日本人の選手のみならず、海外の選手にも数多く出会いました。

彼は、その試合を通して、「謙虚に他者から学び、常にみずからを磨きつづける」という意識を忘れなかったと言います。

彼は、ほとんど無敵の選手で、現役時代、柔道の試合に負けたことは、ほとんどありませんでした。

逆の言い方をすれば、ほとんどの試合に勝っていたのです。

しかし、たとえ自分が勝利を収めた相手からも、「謙虚に学ぶ」という意識を持ち続けたのです。

これは、なかなかできることではないと思います。試合で勝利したのですから、単純に言えば、相手は自分よりも弱い選手だったのでしょう。

普通であれば、「自分よりも弱い選手から学ぶことなど、何もない」と考えてしまうと思います。

しかし、彼は、自分よりも弱い選手からも、「この選手は、このような長所を持っていた。その長所から学べば、自分の実力がさらにアップするだろう」と考えたのです。

そのような謙虚な気持ちを持って対戦相手と向かう合うことによって、彼は、試合をするごとに成長し強くなっていったのです。

どんな人でも、「自分よりも劣る人からも学ぶ」という謙虚な気持ちを持てば、人間的に成長すると思います。

出会いを通して学ぶことで、さらに「強い人間」になれる。

人との出会いを有意義なものにする、六つの心得

人との出会いを大きな喜びとし、また、その人との出会いを通して自分をさらに成長させていくための「心得《こころえ》」として、次のようなことが大切です。

・「一期一会」の精神を持って、人との出会いを大切にする。
・「この人は、どんな人だろう」という好奇心を持つ。
・出会った相手の「いいところ」を探す観察力を持つ。
・その出会いを通して「成長したい」という向上心を持つ。
・積極的に色々な人に出会っていく行動力を持つ。
・「教えてほしい」という気持ちで人に出会う謙虚さを持つ。

この「一期一会」「好奇心」「観察力」「向上心」「行動力」「謙虚さ」という精神を忘れずに大切にしていけば、人との出会いを重ねるごとに成長し、世界観が大きく広がっていきます。

そして、その出会いから吸収した知識や経験から、自分という人間がさらに大きく成長していくのです。

世界の偉人や、また成功者と呼ばれるような人たちは、必ずしも、自分の力だけで大きなことを成し遂げてきたのではないと思います。

多くの人と出会い、その出会いを通して多くのことを学んできたからこそ、その出会いから力を得て、大きなことを成し遂げることができたと思います。

そういう意味では、一つ一つの出会いを大切にしていくことが重要です。

相手がどのような人間であれ、「必ず学ぶべきものがある」と信じて、謙虚な気持ちで人との出会いを大切にしていくことが大切です。

成功者は、人との出会いによって大きな力を蓄えてきた。

謙虚な人は「いい出会い」が向こうからやって来る

ロシアの文豪にレフ・トルストイ（19～20世紀）がいます。『戦争と平和』や『アンナ・カレーニナ』などの小説を書いた人物として世界的に有名です。

このトルストイは、「謙虚な人は誰からも好かれる。それなのにどうして謙虚な人になろうとしないのだろうか」と述べました。

この言葉にある通り、威張ったり、自慢話などしたりせず、たえず謙虚な気持ちで「人から教えてもらう」という態度でいる人は、多くの人から好かれます。ですから、自分から出会いを求めなくても、「謙虚な人」の周りには多くの人が集まってきます。

そして、そこには、多くの新しい出会いが生まれるのです。

その結果、「謙虚な人」は、いい友だちが増え、人脈が広がっていきます。

また、色々な人との出会いで、人間的に成長していきます。

さらに言えば、その様々な出会いを通して、成功のチャンスも巡ってくるのです。

従って、「謙虚に生きる」ということほど賢明なことはありません。

しかし、トルストイは、「それなのにどうして謙虚な人になろうとしないのだろうか」と、疑問を投げかけています。

人間にとって謙虚に生きていくほうが、いいことがいっぱいあるのですが、実際にはうぬぼれた考えを捨てられずにいる人も少なくないのです。

自分自身で、「うぬぼれながら生きても、有益なものを得ることは少ない。謙虚に生きるほうが、多くの人たちとの出会いに恵まれて、ずっと幸せに生きていける」ということを強く自覚することが大切です。

「うぬぼれて生きる」より「謙虚に生きる」ほうがいい。

第5章

出会った人の望んでいることに応える

出会った人の気持ちや状況に配慮する

「一期一会」の人との出会いを有意義なものにするためのコツに、「相手の気持ちや状況を上手に察する」ということがあります。

いつも頻繁に会っている人であれば、相手の性格もわかっていますし、相手の顔を見れば、だいたいその相手が今どのような気持ちでいるか察することができます。

しかし、その日に初めて会う人だと、相手のことがよくわからないので、「今、相手がどういう気持ちでいるか」ということを察するのがなかなか難しいのです。

しかし、その日その時の状況をよく考慮に入れ、相手の様子をよく観察していれば、相手の気持ちを上手に察することができると思います。

たとえば、初めて会う人がとても疲れ切った顔をしていたとします。

話を聞くと、「最近、仕事の締め切りに追われていて、大変なんです」ということです。

相手がこのような状況の時、長々とした話につきあわせるのは、相手にとって酷《こく》な話でしょう。

そういう時は、話を早めに切り上げてしまうほうがいいと思います。

必ずしも、長い時間をかけて話をすれば、それだけ人間関係が深まるというものではありません。

特に、相手が疲れている様子だったら、早めに話を切り上げてしまうほうが、相手へのやさしい配慮になります。

今度会った時、相手が元気そうであれば、その時にじっくりと時間をかけて話をすればいいのです。

それも「一期一会」の精神で出会いを大切にする、ということにつながります。

話を早く切り上げてしまうほうが、相手への配慮になる場合もある。

「三献《さんけん》の茶」に、出会った人の心をつかむ方法を学ぶ

「三献《さんけん》の茶」という話があります。

この言葉は、「三杯のお茶を、お客さんに差し上げる」ということを意味しています。

戦国時代に石田三成《いしだみつなり》(16~17世紀)という武将がいました。

天下人《てんかびと》になった豊臣秀吉の側近として活躍した武将として有名です。

「三献の茶」は、この三成が、まだ秀吉の家臣になる以前の話です。

その頃、三成はある寺の、いわば雑用係として働いていました。

この三成がいた寺に、ある日、突然、秀吉がやって来ました。

秀吉は鷹狩《たかが》りの途中、休息のためにその寺に立ち寄ったのです。

秀吉は、応対に出た三成に、茶を持ってくるように命じました。

その日は暑い日で、鷹狩りで野山を駆け回っていた秀吉は汗だくになっていました。

三成は、秀吉はさぞ喉が渇《かわ》いているだろうと察し、ぬるめのお茶を量を多めにして差し出しました。お茶をゴクゴクと飲んで、素早く喉が渇きを癒《いや》せるようにです。秀吉はお茶を一気に飲み干して、もう一杯お茶を持ってくるよう命じました。

三成は、二杯目のお茶を、少し量を少なくして出しました。いくら喉が渇いても、たっぷりのお茶を二杯続けて飲んでしまったら、気持ちよくはならないでしょう。

二杯目のお茶を飲み終わった秀吉に、三成は三杯目のお茶を出しました。

三杯目のお茶は、さらに量が少なく、しかも熱いものでした。

それは、喉の渇きが癒えた秀吉に、ゆっくりとお茶を味わってほしいという、三成の配慮だったのです。

この心遣いに感心した秀吉は、三成をすぐに召《め》し抱えました。

「一期一会」の出会いで、三成は秀吉の心をつかむことに成功したのです。

相手の気持ちを察して、上手にもてなすのがいい。

出会いがうまい人は、「的《てき》」という能力を持っている

禅の言葉に、「的《てき》」というものがあります。

一般的に、「的中」「的確」という言葉をよく使います。その「的」です。

「的中」とは、「狙っていた的《まと》に当たる。予測していたことが、その通りになる」といった意味があります。

「的確」は、「間違いがない。正確である」といった意味です。

禅語の「的」にも、「的中」「的確」という言葉と同様に、「物事の本質を予測していた通りに、正確に、ピタリと見抜く」といった意味があります。

たとえば、ある人に出会います。

その際に、その出会った人は、今どんな気持ちでいるのか、体の調子はどうか……といったことを正確にピタリと見抜く、ということです。

もちろん、相手の状況を正確にピタリと見抜くには、鋭い観察眼が必要になります。

相手の表情や仕草、言葉の調子などを注意深く観察する能力が必要になってきます。

そして、このような「的」という能力を身につければ、「一期一会」の出会いがとてもうまくいきます。

初めて出会った相手であっても、相手の望んでいることを素早く見抜き、それに的確に応えることができるからです。

そうすれば、相手も満足するでしょうし、その出会いを喜ばしいものに感じてくれるでしょう。

もちろん、この「的」という能力がすぐに身につくものではないかもしれません。

しかし、「一期一会の出会いを大切にしていく」という意識を持ち、そして、たくさんの出会いの経験を積み重ねていくうちに、自然に身についていくと思います。

「人の気持ちを的確に見抜く能力」を身につける。

出会いを重ねるうちに、相手の気持ちを見抜けるようになる

デパートの婦人服売り場で働いているある女性店員は、お客さんの気持ちを見抜くのがとても上手だといわれます。

初めてやって来たお客さんであっても、対応しているうちに、「この人は、こういう服を探している」「このお客さんは、こういう感じの服が好みなんだ」ということを、的確に見抜くことができるのです。従って、彼女はそのお客さんが求めている商品を適切に提供することができるのです。

また、お客さんの中には、「どういう服が自分に似合うのか、自分自身でもよくわからない」と迷っている人もいます。

そういうお客さんには、商品を勧めるよりも先に、お客さんの話をよく聞いてあげて、それからお客さんに似合う服を勧めるようにしています。

また、「服を買うつもりはないが、ただ、陳列してある服を見て回って楽しみた

い」というお客さんもいます。

そんなお客さんには、アプローチはしないようにして、無理に商品を勧めることはないのです。

そういう意味で言えば、この女性店員は、禅語で言う「的」という能力が身についているのです。その結果、売り上げ実績も抜群なのです。

ただし、最初からお客さんの気持ちを見抜く能力が身についていたわけではなく、やはり、お客さんとの出会いを誠心誠意大切にして経験を長年積み重ねていくうちに身についてきた能力なのです。

言い方を換えれば、真心を込めて「一期一会」の出会いを積み重ねていくことで、誰でも「的」の能力を身につけられるということです。

誠心誠意、出会いを大切にする経験を積み重ねる。

声をかけた時の、相手の反応の仕方をよく観察する

禅の言葉に、「喝《かつ》」というものがあります。

この「喝」という言葉には、本来的には、「声をかける」という意味があります。

禅の世界では、よく、師匠が弟子を励ましたりする時に、弟子に向かって「喝！」と大きな声で呼びかけます。

「喝」という言葉自体には、何かしらの意味はありません。

繰り返しますが、「喝」には、「声をかける」という意味しかないのです。

ここで大切なことは、弟子に向かって「喝！」という言葉を発した時、弟子がどのような態度を取るかなのです。

「喝！」という声をかけた時、戸惑うような反応を示す弟子もいます。顔をそらしてしまう弟子もいるかもしれません。もちろん、元気に明るい声で「はい！」と返事をしてくる弟子もいるでしょう。

禅の師匠は、そのような弟子が示す反応の仕方によって、その時の弟子の精神状態や、修行の進み具合を判断するのです。

この禅の習慣は、「一期一会」の出会いを良いものにする上でも参考になると思います。

まず、出会った相手に、「声をかける」ということです。

「今日はいい天気ですね」「お忙しいところ、すみません」など、何でもいいですから声をかけてみるのです。

そして、その際に相手がどのような反応を示すかを、よく観察するのです。

それが出会った相手の、その時の気持ちや状況を見抜くコツになります。

相手の気持ちや状況がわかれば、それに合わせた対応を取ることができるのです。

相手の反応の仕方で、その時の相手の気持ちを見抜ける。

明るい「挨拶」で、そこに心の触れ合いが生まれる

禅に、「挨拶《あいさつ》」という言葉があります。

この「挨拶」という言葉は、一般的にも使われています。

人と人とが会った時、「こんにちは」「初めまして」などと言葉を交わす、いわゆる挨拶です。この「挨拶」という言葉の語源は、実は禅にあるのです。

禅でいう「挨拶」には、「押し開いて、迫る」といった意味があります。

「挨」が、「押し開く」という意味で、「拶」が「迫る」という意味です。

つまり、出会った相手に「こんにちは」「初めまして」という言葉を投げかけることによって、相手の心を開き、相手の心に迫っていく、ということなのです。

もっとわかりやすく言えば、「こんにちは」「初めまして」という言葉を交わすことで、出会った者同士が心を開き合い、心と心を近づけ、心の触れ合いを生じさせる、ということになります。

それが「挨拶」を交わすことの心理的な役割と言えるでしょう。

「一期一会」の出会いの場でも、「挨拶を交わす」ということがとても重要な意味を持つのです。

人と出会った際に、挨拶も交わさないのでは、お互いに心の殻《から》を閉じたまま向かい合うことにもなりかねません。

それでは、お互いに、気まずい出会いになってしまうでしょう。

出会いの場で、明るく挨拶を交わしてこそ、気持ちのいい心の触れ合いが生まれるのです。


挨拶もしない出会いでは、お互いに心を閉じたままになる。

初対面の相手とは、まず寛《くつろ》いだ雰囲気を作り出す

初対面の出会いの際には、相手のことがよくわからないため、お互いに相手への警戒心が生まれます。

これは、ある意味しょうがないことだと思います。

しかし、最初から最後まで相手を警戒したままで終わってしまうのでは、その「一期一会」の出会いはつまらないものになってしまうでしょう。

別れた後は、「楽しい出会いだった」という思いが少しもないまま、お互いにグッタリと疲れ切ってしまうのではないでしょうか。

その出会いを「楽しいもの」にするためには、どこかでお互いの警戒心を解くことが重要です。

お互いの警戒心を解いた時、そこに初めて、楽しい心の触れ合いが生じるのです。

では、どのようにして警戒心を解いていけばいいのかと言えば、まず大切なのは

「寛《くつろ》いだ雰囲気を作り出す」ということだと思います。

出会いの場の雰囲気が硬いと、どうしても警戒心を解きにくくなります。それどころか、警戒心を一層お互いに強めてしまうことにもなりかねません。

そういう意味で、まずは「寛いだ雰囲気作り」を大切にするのが賢明です。

具体的には、まず、寛いだ話題を選ぶのがいいでしょう。

何か、お互いに興奮してしまうような話題は避けるほうがいいのです。

表情も大切です。相手がひるむような怖い顔をするのではなく、穏《おだ》やかで、やさしい笑顔を心がけます。

そうすることで、寛いだ雰囲気になります。

そうすれば、お互いに心を開き、素直な気持ちで語りあえるようになります。

相手の警戒心を解く工夫をする。

警戒心がある人は、思うことがあってもそれを言わない

出会った相手が警戒心を解いてくれた時、その相手は自分に向かって心を開きます。

心を開いて、率直にものを話してくれるようになります。

そうなれば、相手は今何を考え、どのような気持ちでいるか、ということがわかってきます。

相手の考えや気持ちを理解できれば、それに合わせて、相手を喜ばせたり、楽しませてあげることもできるのです。

禅の言葉に、「唖子《あす》、苦瓜《くか》を喫《きっ》す」というものがあります。

この言葉にある「唖子」とは、「口が不自由で、言葉を話せない人」の意味です。

「苦瓜を喫す」とは、「苦い瓜《うり》を食べる」ということです。

「瓜」とは、キュウリの一種である野菜です。

つまり、この禅語は、「口が不自由な人は、苦い味の瓜を食べても、『苦い』と訴え

ることができない」という意味です。

しかし、この禅語には、もっと深い意味があります。

この「唖子」、つまり「口が不自由な人」とは、「警戒心を持つ人」のある種の比喩なのです。また、「苦い味の瓜を食べても、『苦い』と訴えない」というのは、「心の中で感じることがあっても、それを口にしない」ということを意味しているのです。

つまり、「警戒心を抱いている人は、心を閉じてしまって、心の中で感じることがあっても、それを口にしない。黙っている」ということを示唆しているのです。

言い換えれば、相手の警戒心を解き、心の中で感じていることがあれば、それを率直に口にできるような寛いだ雰囲気を作ることが大切だ、ということです。

それでこそ、そこには「いい出会い」が生まれるのです。


率直にものを言える雰囲気を作ってあげる。

「和《わ》顔《げん》施《せ》」で、相手の気持ちを幸せなものにする

仏教に、「和顔施《わげんせ》」という言葉があります。

この言葉にある「和顔《わげん》」には、「穏やかで、やさしい顔」という意味があります。

いわば、相手の心をほっと和《なご》ませるような表情です。

仏像、特に観音菩薩像《かんのんぼさつ》、つまり、観音様は、非常にやさしい表情をしたものが多くありますが、「和顔」がどういった表情かと考える時、そのような観音菩薩像の表情をイメージしてもいいでしょう。

仏教では、人と接すると、そのような「和顔」、つまり、穏やかで、やさしい、人を和ませるような表情をすることが、「相手への施《ほどこ》しになる」と考えるのです。

「和顔施」の「施《せ》」とは、「施しをする」ということです。

「施しをする」とは、この場合、わかりやすく言えば「相手を幸せな気持ちにしてあげる」ということです。

ですから、人と出会った時には、穏やかで、やさしい、人を和ませるような表情を心がけたほうがいいでしょう。

そうすれば、相手は、そのやさしい顔を見ているだけで、とても幸せな気持ちになっていくのです。

そして、相手が幸せな気持ちになれば、心を開いて、心に思うことを率直に語り出すようになります。

相手の気持ちがわかれば、それに合わせて、色々なサービスができます。

そういう意味で言えば、仏教で言う「和顔」も、「一期一会」の出会いを充実させるために大切な心得なのです。

穏やかで、やさしい顔は、相手の心を和ませる。

ユーモアのセンスを磨いて、その場を和《なご》ませる

人と出会った時、「品のいい笑い話をする」ということは、その場の雰囲気を和《なご》やかにする効果があります。

その場の雰囲気が和めば、お互いに心を開いて語り合うことができます。

それは、「一期一会」の出会いを楽しいもの、充実したものにつなげることができるでしょう。

そういう意味では、日頃から、ユーモアのセンスを磨《みが》いておくことが大切です。

ユーモアのセンスを磨いてこそ、出会いの場で、とっさに「品のいい笑い話」を提供することができると思います。

とはいっても、ユーモアのセンスというものは、身につけようと思っても、すぐに身につくことはできないかもしれません。

しかし、ユーモアに関する本を読んだり、テレビでお笑い番組を観たりして研究

し、実際の出会いの場で試したりしてみて経験を積み重ねていくうちに、だんだんとユーモアのセンスが磨かれていくのです。

そして、「一期一会」の出会いの場などで、気のきいた、品のいい笑い話ができるようになるでしょう。

また、自分なりの「笑いのネタ」をあらかじめ、いくつか用意しておいて、それを出会いの度に披露する、という方法もあると思います。

そのような「笑いのネタ」も、ユーモアに関する本を読んだり、お笑い番組を観たりしていると見つかるものです。

また、落語や漫才、講演会などを見たり聞いたりしながら、品のいい「笑いのネタ」になりそうなものを探してもいいでしょう。


「ユーモア」によって、相手の心を開かせることもできる。

「共通の話題」で、人と人との「関《かん》」を取り去る

禅の言葉に、「関《かん》」というものがあります。

「関所」「関門」「玄関」といった言葉にある「関」です。

この「関」には、「ある二つの世界を分け隔てる障害、壁」といった意味があります。

人と人との間にも、この「関」があります。

特に、見知らぬ人同士が初めて会うといった状況では、お互いが相手のことをよくわからないので、この「関」という壁が大きいともいえるでしょう。

しかし、この「関」という壁を取り払っていかなければ、最後までよそよそしい態度のまま、その出会いは終わってしまいます。

それでは、それは「いい出会い」にはならないでしょう。

それを、いい出会い、楽しい出会いにするためには、その「関」という壁を取り払う必要があるのです。

では、どのようにして「関」という壁を取り払っていけばいいのかと言えば、その方法の一つに、「お互いに共通して好きなこと、興味があることを探す」ということが挙げられます。

自分の話をしたり、相手の話を聞きながら、「共有の関心事」を探すのです。

たとえば、「出身地が同じ」「学校が同じ」「趣味が共通している」「お互いに同じスポーツをしている」「同じ音楽を聴いている」などです。それが見つかったら、それを話題にすることで話が盛り上がり、相手は心を開いてくれるでしょう。

そうすれば、自然に「関」という壁が取り払われていきます。

それに従って、相手の望んでいることや、相手が欲していることもわかってきます。それに応えられるように配慮すれば、さらにその出会いは有益なものになります。

相手と「共通して好きなこと」を探してみる。

第6章

よけいなことを考えずに、人と出会う

第一印象で「嫌いだ」と決めつけないようにする

人に出会った時、第一印象から、「このタイプは、私は嫌いだ」「この人とはウマが合わない」と、決め込んでしまう人がいます。

しかし、そのように悪く思い込んでしまったら、せっかくの「一期一会」の出会いが台無しになってしまうでしょう。

その場の会話がはずむことはなく、お互いに気まずい雰囲気ができあがってしまいます。

そうならないためにも、第一印象で、「あの人は、こういう人だ」と決め込むことはしないほうが賢明だと思います。

禅の言葉に、「無心」というものがあります。

この言葉には、「雑念を捨てて、ありのままの、素直な心でいる。ありのままで何かを見る」という意味を表しています。

「嫌いだ」とか「ウマが合わない」というのも、雑念にすぎません。

そのような雑念を捨てて、「素直な心で、出会った相手のありのままの姿を見よう」と意識してみるのです。

そうすれば、むしろ、相手のいいところが見えてくるでしょう。

そして、出会った相手に好感を持てると思います。

自分が相手のことを好きになれば、きっと、相手も自分のことを好きになってくれるでしょう。

そして、お互いに好感を抱き合う関係になれば、それは充実した、有益な「いい出会い」になると思います。

その出会いをきっかけに、相手は自分の味方になってくれるかもしれません。


素直な心で、出会った相手をありのままに見る。

「思い込み」があると、その出会いが台無しになる

人は生きていくうちに様々な「思い込み」を持ってしまいがちです。たとえば、「血液型がB型の人はマイペース、A型の人は神経質」「一人っ子は、わがまま」「三流大学の人は、頭が良くない」といったことです。

そのような悪い思い込みは、もちろん、真実ではありません。誤った認識です。従って、そういう思い込みを持ったままだと、せっかくの「一期一会」の出会いを台無しにしてしまう危険性が高まるのです。

出会った相手の人間性を誤解したまま、その相手に反感を抱いたり、悪い印象を持ってしまうことにつながるからです。

ですから、そのような悪い思い込みは捨てて、無心になって相手と会うほうがいいと思います。

それが、その出会いを「いい出会い」にすることになるのです。

禅の言葉には「放下著《ほうげじゃく》」というものがあります。この禅語の「放下《ほうげ》」には、「捨て去る」という意味があります。「著《じゃく》」は、命令を意味する言葉です。

つまり、「捨て去れ」と命令しているのです。

では、何を捨て去るのかと言えば、「その人が持つ思い込み」なのです。

思い込みを捨て去った時、正しく、間違いなく対象を見ることができる、と禅は考えているのです。

出会った相手に対しても、思い込みを捨てると、相手のことが正しく見えてきます。

相手のいいところを見つけ、その相手に好意を持つことができるのです。

「思い込み」を捨て去って、人に出会うほうがいい。

先入観を捨てないと、相手のいいところが見えない

「先入観」というものが、せっかくの出会いを無益なものにしてしまうことがあります。

人と出会う時、事前に相手の情報を得ることがあります。

学歴や経歴、仕事の内容といったものです。

人によっては、そのような事前の情報から、

「学歴が低いから、きっと出世できない」

「仕事でこれといった活躍をしていない人のようだ。こんな人と会っても無駄なのではないか」

「この年齢で、まだこんなに低い地位なのか。能力のない人なのだろう」

といった先入観を持ってしまう人がいるのです。

しかし、そんな悪い先入観を持っていると、その出会いがもう有益なものにはなら

ないでしょう。

学歴にかかわらず、立派な人はたくさんいます。

仕事でそれほど実績を出していない人であっても、今後大きく飛躍する可能性を持つ人も大勢います。

決して地位が高くなくても、まじめに、誠実に仕事をしている人もたくさんいます。

従って、そのような悪い先入観を持たずに人に会うほうが、ずっと賢明なのです。

先入観を捨てて人に会えば、その人のすばらしい能力や可能性、また、良い人間性といったものに気づくことができます。

そして、それに気づけば、その出会いは有益なものになり、その出会いをきっかけに、自分の人生も良い方向へと大きく動き出すかもしれないのです。

先入観を捨てて、人と出会う。

思い込みや先入観があると「人の全体像」が見えない

インドの昔話に、次のようなものがあります。

目が見えない人たちが何人か集められました。

そして、その人たちに、それぞれにゾウに触ってもらって、「ゾウとは、いったい、どのような動物なのか」を言い当ててもらったのです。

そうすると、ゾウの鼻に触った人は、「ゾウとは、神輿《みこし》をかつぐ時の棒のような動物だ」と言いました。

また、ゾウの牙《きば》に触った人は、「ゾウとは、餅《もち》つきの時に使う杵《きぬ》のような動物だ」と言いました。

また、ゾウの耳に触れた人は、「ゾウとは、農具の箕《み》（穀物の選別の時に使う平らで大きな道具）のような動物だ」と述べました。

ゾウの脚に触れた人は、「ゾウとは、餅《もち》つきの時に使う臼《うす》のような動物だ」と述べました。

ゾウのシッポに触った人は、「ゾウとは、縄《なわ》のような動物だ」と言いました。

結局、ゾウの全体像を正確に言い当てた人はいませんでした。実は、この話に登場する「目が見えない人」というのは、「思い込みや先入観のために、他人の全体像を正しく、間違いなく見ることができなくなった人」の例《たと》えなのです。

従って、この話は、思い込みや先入観を捨てて、人と対面することが大切だ、ということを指摘しているのです。

思い込みや先入観を捨ててこそ、相手の全体的な人間性が見えてきます。そのことによって、また、その出会いを有益なものにできる、ということなのです。

相手の「全体像」を見て判断するようにする。

教養を深めることによって、人との出会いがうまくなる

思い込みや先入観を持たず、「一期一会」の出会いをするためには、ふだんから「教養を深める」という努力をしておくことが大切です。

色々なジャンルの本を読んだり、教育番組を観たり聞いたり、著名人の講演会へ行ったり、勉強をしたり、様々な経験をして、教養を深めるのです。

教養が深まれば、視野が広がります。

その結果、出会った相手の全体像を見ることができます。

ある一部分だけに意識を奪われ、相手を誤解してしまうことが少なくなります。

また、教養が深まれば、幅広い価値観で物事を考えることができます。

学歴や、社会的な地位だけに意識を奪われて、出会った相手を軽蔑したり、見下したりするということがなくなります。

ですから、教養が深まれば深まっていくほど、人との出会いがうまくなります。

その出会いを有益なものにして、その出会いをきっかけに、出会った相手を自分の味方にすることも上手になるのです。

古代中国の思想家である孔子《こうし》（紀元前6〜5世紀）は、「学べば、固ならず」と述べました。

この言葉にある「学ぶ」とは、すなわち、「教養を深める」ということです。

また、「固」とは、「固定観念、思い込み、先入観」といったものです。

孔子も、この言葉で、「教養を深めることで、固定観念、思い込み、先入観といったものにとらわれないようにしていけば、出会った相手のことを柔軟に見ることができ、相手のいいところを見つけることができる」ということを指摘しています。

つまり、人との出会いがうまくなる、ということなのです。

本を読んだり、勉強をして、教養を深める。

相手の評判など気にせず、自然な姿で出会うのがいい

初めて中国大陸に、禅の考え方と修行法をもたらしたのは、インドから中国大陸に渡った僧侶の達磨《だるま》（5～6世紀）だと言われています。

当時、達磨の名声は、中国大陸でもよく知られていました。

ですから、達磨がやって来た時には、当時の皇帝がみずから出迎えました。

その皇帝は仏教の熱心な信者でもあったので、さっそく達磨に、次のように尋ねました。「悟りとは、どのようなものなのですか？」と。

それに対して達磨は、「カラッと晴れ渡った空のようなものだ」と答えました。

実は、この達磨の言葉には深い意味があったのですが、その皇帝は、何か人をバカにする言い方だと感じました。そして、「この人物は、本当に名声高い達磨なのか」という疑いを持ち、「おまえは、何者だ？」と問いました。

それに対して、達磨は、「知らない」と答えました。

自分で自分のことを「知らない」と言うのもおかしな話なのですが、この言葉で、達磨という名前にともなう名声や評判というものなどすべて捨て去って、ありのままの一人の人間同士として向かい合ってこそ、「いい出会い」になる、ということを皇帝に伝えたかったのです。

この達磨のエピソードは、一般の人と人との出会いにも役立つと思います。

つまり、相手の名声とか評判といったことに惑わされることなく、お互いにありのままに、自然な形で相対してこそ、人間的な温かい心の触れ合いが生まれるのです。

そして、そのような心の触れ合いを、お互いにうれしく感じてこそ、それは「いい出会い」になるのです。

名声も地位も捨てて、一人の人間として人に会う。

よけいな下心や緊張感を捨て、自然な形で人と出会う

社会的な地位が高い人や、世間の評判が高い人と会う時、その評判や地位といったものを強く意識してしまいがちです。中には、

「あの人は地位が高いから、私の味方になってくれたら、大変ありがたい」

「あの人は評判がいいから、あの人と仲良くなれたら、私の評判も良くなるだろう」

などと過大な期待を持ちながら、その相手と出会う人もいるかもしれません。

しかし、そのように自分に都合のいい期待感を持っていると、損得勘定ばかりが働いて、温かくて深い心の交流は生まれないでしょう。

心の交流が生まれなければ、相手は自分の味方になってくれることはないですし、今後仲良くつきあってくれることもないでしょう。

「一期一会」の出会いの場において、やはり大切なのは「心の交流」だと思います。

それは、温かい、やさしい、そして深い良心の交流です。

そのような心の交流があって初めて、その相手は自分の味方になってくれますし、仲良くつきあってくれるようにもなるのです。

従って、出会う相手がどんなに偉く、評判がいい人であっても、利用しようという意識を持たないほうがいいと思います。

自然な形で、「ありのままの人と人として」出会い、そして話をするほうが賢明です。

そのほうが、お互いに、率直に自分の気持ちを表し合うことができます。

社会的な地位が高い人や、世間の評判が高い人と会う際には、よけいな緊張感を感じてしまうこともありますが、そのような緊張感もなく寛いだ雰囲気で相手と向かい合うことが大切です。

それが「いい出会い」につながるのです。

下心があると、相手は自分の味方にはなってくれない。

人への「意味づけ」は、多くの場合思い込みである

オーストリアの精神科医であり、また心理学者だった人物に、アルフレッド・アドラー（19～20世紀）がいます。

このアドラーは、「人はみずからの意味づけを離れて生きることはできない。それゆえ、意味づけは、それが完全に正しいことはありえない」と述べました。ここに出てくる「意味づけ」とは、アドラー独特の表現なのですが、次のように理解できると思います。

ある人と出会ったとします。

その時、人は出会った相手に対して様々な印象を持ちます。

「いい人だ」「やさしそうな人だ」というポジティブな印象を持つこともあるでしょう。

反対に、「イジ悪そうな人だ」「ずる賢そうな人だ」「裏表《うらおもて》がありそうな人だ」といったネガティブな印象を持つ場合もあります。

このように、「この人は、こんな人だ」と相手に対してある解釈を抱くことが、アドラーが言う「意味づけ」なのです。

つまり、相手に対して、「いい人だ」「イジ悪そう」「ずる賢そう」といった思い込みで相手を見ることが「意味づけ」なのです。

しかし、そのような「意味づけ」は、多くの場合、思い込みであり、先入観です。

従って、アドラーは、「意味づけは、それが完全に正しいことはありえない」と指摘しているのです。

アドラーも、「やはり、思い込みや先入観を捨てて、人と会うことが大切だ」ということを指摘しているのです。

それが、「いい出会い」をもたらすのです。

出会った人に対して、誤った「意味づけ」をしない。

抱いてしまった「第一印象」に、疑問を感じてみる

人は、出会った相手を、「第一印象」で判断することがよくあります。

特に、初めて出会った相手に対しては、そうでしょう。

しかし、往々にして、その「印象」というものは「正しくはない、誤っている」ものなのです。

ここで大切なのは、出会った相手に何かしら印象を覚えたとしても、自分自身で「この印象が正しくないかもしれない」という疑問を持っておくことです。

第一印象で「イジ悪そうな人だ」という印象を覚えたとしても、そんな印象を抱いてしまった自分自身に疑問を抱いて、「でも、本当は、やさしい人なのではないだろうか」と思い直してみるのです。

第一印象で、「ずる賢そうな人だ」と感じたとしても、「いや、私は勘違いしているのかもしれない。本当は、正直な人なのだろう」と思い直すのです。

初めて会った人に、「裏表《うらおもて》がありそうな人だ」という印象を持ったとしても、「たぶん、私の印象は間違っている。本当は裏などない、いい人なんだ」と思い直します。

実際、「第一印象」などというものは、それほどアテになるものではありません。間違っている場合も多いのです。

従って、自分が抱いてしまった第一印象にいつも疑問を抱き、思い直してみる、という習慣を持つほうがいいと思います。

それが、出会った相手の「人間としての全体像」を見損《みそこ》なわないためのコツになるのです。

そして、それが、ひいては「いい出会い」を作り出します。

「本当は、いい人だ」と思い直してみる。

無心で「一期一会」の出会いを生かす

出会った人に対する第一印象というものは、その時の自分の精神状態によってでも大きく変わります。

たとえば、恋人に裏切られて、ひどく心が傷つけられている女性がいたとします。その恋人とは別れることになりましたが、彼女の心の傷はなかなか癒《い》えません。

そのような精神状態にある時は、その後、やさしくていい男性と出会う機会があったとしても、「この人も、私を裏切った恋人のように、誠意のない人に違いない」という印象を抱いてしまうこともあります。

新しく出会った男性を、別れた前の恋人と重ね合わせてしまって、「また、同じような経験をして、ひどい目にあわされてしまうことになるんじゃないか」という思いがしてきてしまうのです。

しかし、そのために、せっかくのいい出会いを台無しにしてしまうのは、もったいないことだと思います。

そういう意味では、人と出会う時には、思い込みを持たず、精神的にいつも無心でいるよう心がけることが大切です。

たとえば、この事例で言えば、前の恋人に裏切られたショックを引きずってしまうのはわかりますが、無心になりできるだけ早く気持ちを切り替えて、前を向いて生きていけるようになるほうが賢明です。

そうすれば、今度は、本当の意味で、心やさしい、誠実な男性との「一期一会」の出会いがもたらされるでしょう。

その出会いのチャンスを自分のものにして、今度こそは幸せになれると思います。

精神的なショックを引きずったまま、人と会わないほうがいい。

第7章

癒し、癒される出会いをする

「すべてを受け入れてくれる人」に、人は心を癒される

「あの人と出会って、本当に心が癒《いや》された」と感じることがあります。

思い悩んだり、イライラすることがあっても、その人と出会って楽しい時間を過ごした後には、悩み事など嘘のようになくなって、心がスッキリしているのです。

そして、「まあ、どうにかなるだろう」と、楽天的に物事を考えられるようになっているのです。

では、そのような「人の心を癒してくれる人」とは、どのような人なのかというと、それは一言で言えば、「すべてを受け入れてくれる人」ではないでしょうか。

自分の欠点も、ダメなところも、過去の失敗も、劣等感を感じているところもすべて受け入れてくれて、やさしく包み込んでくれるような人です。

そのような「すべてを受け入れてくれる人」と出会うと、その人はホッと心が癒されるものです。

もし自分が今、心が傷ついていたり、思い悩んでいることがあったら、自分のダメなところもすべて受け入れて、自分の味方となってくれる人との出会いを求めるのがいいと思います。

そんな人との出会いをきっかけに、心が立ち直ることも多いのです。

また、もしそのような「すべてを受け入れてくれる人」に出会えた時は、自分自身としても、見栄を張ったり、装《よそお》ったりするのではなく、自分のダメなところも含めて、すべてをさらけ出してしまうほうがいいでしょう。

自分がすべてをさらけ出してこそ、出会った相手は、そのすべてを受け入れてくれるのです。

その時、そこには心が癒される「いい出会い」が生まれます。

「すべてを受け入れてくれる人」との出会いを求めてみる。

すべてをさらけ出した時、心が清らかになっていく

禅の言葉に、「浄裸々《じょうらら》、赤洒々《しゃくしゃしゃ》」というものがあります。

たとえば、雑念を捨てきれず、生きることに思い悩んだ禅の修行者が、禅の師匠のもとを訪ねたとします。

その時修行者は、「雑念を捨てられない、弱い自分」をすべてさらけ出します。「なかなか悟りを得られない、ダメな自分」と思い込んでいることを、禅の師匠の前ですべてさらけ出してしまうのです。

それが「浄裸々、赤洒々」です。

この禅語にある「浄裸々」は、「清らかな裸《はだか》の状態」を意味します。

また、「赤洒々」の「赤《しゃく》」には、「赤ちゃんの肌の色」を示しています。つまり、「赤ちゃんのように、裸になった状態」を示すのです。

そして、「洒々《しゃしゃ》」は、「浄裸々」の「浄」と同様に、「汚れのない清らかな状態」を

意味します。

この禅にある「裸になる」とは、何も本当に衣服を脱ぎ去ることではありません。精神的な意味で、裸になる、という意味なのです。

つまり、見栄や虚栄といったものを捨て去って、自分がダメなところを含めて、ありのままの自分の姿をさらけ出す、ということなのです。

そうすれば、心から汚れが取り払われ、心が清らかな状態になっていくのです。

その時、師匠は、その弟子のすべてを受け入れます。すると弟子の心は癒され、迷いがなくなり、悟りのきっかけを得られるのです。

それが、禅の世界における師匠と弟子の「一期一会」の出会いになります。

信頼できる人に出会えたら、自分のすべてをさらけ出してみる。

赤裸々に自分をさらけ出す時、復活の道が開かれる

昭和の戦前から戦後にかけて活躍した小説家に、坂口安吾《さかぐちあんご》（20世紀）がいます。

坂口安吾は、「自分自身の赤裸々な姿を突きとめ見つめることが、まず人間復活の第一条件だ。そこから自分と、そして人生の、真実の誕生と、その発足が始められる（意訳）」と述べました。

この文章にある、「赤裸々《せきらら》」という言葉には、「何事も包み隠さずに、すべてのものをさらけ出す」という意味があります。

ちなみに、この「赤裸々」という言葉の語源は、禅語の「浄裸々《じょうらら》、赤洒々《しゃくしゃしゃ》」にあるという説もあります。

つまり坂口安吾は、「自分のダメなところがあって、それに劣等感を感じることがあったとしても、そのすべてを包み隠さずにさらけ出してしまってこそ、そこから立ち直って、前向きな気持ちを取り戻し、ふたたび元気な人間として復活することがで

きる」と言っているのです。

自分のダメなところを隠そうとするのではなく、むしろ、みずから積極的にさらけ出してしまうことが大切です。

それが、「自分という人間の再生、復活」につながるからです。

そういう意味では、「一期一会」の出会いも、大切な要素になると思います。

広い心をもって、やさしくすべてを受け入れてくれる、包容力のある人と出会うことができれば、それだけ正直に自分をさらけ出すことができます。

その出会いによって心が癒され、力強く立ち直っていくことも可能になります。

包容力のある人の前で、自分のすべてをさらけ出す。

いいところも、ダメなところも含めて受け入れてもらう

心理学に、「自己承認欲求」という言葉があります。

この「自己承認欲求」とは、ごく簡単にわかりやすく言えば、「自分を認めてもらいたい、という精神的欲求」のことです。

人間であれば、誰にでもある精神的欲求の一つだと言っていいでしょう。

この自己承認欲求が満たされることによって、その人は大きな心の癒しを受けます。

また、それが励みになって、前向きに立ち直っていけるのです。

そういう意味では、人生においてそのような自己承認欲求を満たしてくれるような人に出会い、その人を自分の味方にしていく、ということは非常に重要な意味を持っています。

ただ、ここで心得ておくべきことは、この自己承認欲求には二つの側面があるということです。

その一つの側面は、「自分の長所、いいところ、得意とするところを認めてほしい」という欲求です。

もちろん、そのようなポジティブな面を認めてくれる人と出会うことができれば、それはうれしい出来事になると思います。

しかし、自分のいい面を認めてもらうだけでは、本当の意味での深い満足感は得られないのです。

自分のいい面と同時に、自分のダメなところや欠点、不得意としているものも、大らかな心で受け入れてくれ、そして自分の味方になってくれる人に出会ってこそ、深い満足感、深い癒しを受けることができるのです。

従って、いい面を含め、ダメなところも受け入れてくれる人との出会いが重要です。

いい面を含め、ダメなところも受け入れてもらって、初めて癒される。

自分自身も「相手のすべてを受け入れる人」になる

人生では、自分のすべてを受け入れてくれ、そして自分の味方になってくれるような人との出会いに恵まれることが重要な意味を持っています。

一方で、自分自身が、包容力のある態度で、良い面、悪い面を含めて、出会った人のすべてを受け入れ、そして、その相手の味方になってあげるように努めることも大切です。

心理学では、それを「他者受容」と呼んでいます。

わかりやすく言えば、「他人を受け入れる」ということです。

出会った相手を受け入れ、味方になってあげることで、その相手も「私もこの人のために、何か力になってあげたい」という気持ちになってくるのです。

つまり、「他者受容」を心がけることは、結局は、出会いによって自分の味方を増やしていくことにもつながるのです。

それにもかかわらず、人は時として、出会った人に、ダメなところや欠点を見せつけられると、「こんな人と、つきあっていても意味がない。ムダだ」という気持ちにさせられる場合もあります。

そうなると、出会った人を受け入れるどころか、反対に、拒絶してしまうことになってしまいます。

その結果、出会った人との人間関係が深まっていかず、結局は「もう二度と会うこともない関係」として終わってしまうことにもなりかねません。

それは言い換えれば、今後自分の味方になって色々援助してくれるかもしれない人との出会いを台無しにしてしまった、ということにもなるのです。

自分が「受け入れる人」になってこそ、相手は自分の味方になってくれる。

「大きく広い心」で、どのような人でも受け入れていく

禅の言葉に、「大道無門《だいどうむもん》」というものがあります。この禅語にある「大道《だいどう》」には、「大きな通り」「広い道」といった意味があります。

そのような「大きな、幅広い道には、門がない」と言っているのです。

この禅語は様々な解釈がありますが、その一つの解釈に次のようなものがあります。

この「大きな、幅広い道」とは、「大きな人間性を持ち、心が広い人」の例《たと》えなのです。

そのように人間性が大きく、心が広い人というのは、「『門』を設けて、相手を拒むようなことはしない」という意味です。

言い換えれば、「『門』など設けずに、すべての人を受け入れる」ということなのです。

どんなに欠点がある人だろうが、ダメなところがある人だろうが、その人を拒むこ

となく、丸ごと受け入れるのです。

仏教の師匠、あるいは仏《ほとけ》というものは、まさに、そのような大きく広い心をもって、どのような人間であれ、拒むことなく受け入れ、癒し、そして救っていくのです。

この言葉は、もちろん、人と「一期一会」の出会いをする時にも、参考になると思います。

大切なことは、「大きく、広い心をもって、出会った相手を受け入れていく」ということを心がけることです。

それが一期一会の精神となります。

「狭い心」で、出会った人を拒絶するようなことはしない。

「自己受容」できない人は、「他者受容」もできない

相手の人間性を受け入れることを、心理学で「他者受容」と言います。

それとは反対に、自分のいい面もダメな面もすべて含めて、ありのままの自分を受け入れることを、心理学では「自己受容」と呼びます。

実は、この「他者受容」と「自己受容」には関連があることがわかっています。

それは、「自己受容」ができない人は、「他者受容」もできない、ということです。

自分のダメなところを受け入れられない人は、ダメなところがある他者をも受け入れられないのです。

言い換えれば、人は「自己受容」ができて初めて、「他者受容」ができるのです。

つまり、自分のダメなところを受け入れられてこそ、初めて、ダメなところがある他者をも受け入れられるのです。

たとえば、「優柔不断な自分」を受け入れられない人がいたとします。

その人は、優柔不断な他人を見ていると、まるで自分を見せつけられているような気がしてきて、激しい自己嫌悪に襲われます。

そのために、その「優柔不断な他人」も受け入れられないのです。

一方で、自分の短所を認め、そのありのままの自分を受け入れられる人は、他者に対しても「人間なんだから、多少ダメなところがあっても、しょうがない」と寛容な気持ちになれるのです。

そういう意味では、まずは「ダメな自分を受け入れる」と意識することが大切です。

そうすれば、出会った相手も、ありのままに受け入れることができます。

「ダメな自分」を受け入れれば、「ダメな他人」に寛容になれる。

「私も同じです」という言葉で、出会った相手を受け入れる

出会った人のすべてを受け入れてあげることで、相手の心は癒されます。

「私はあなたのことを、ありのままに受け入れています」ということを相手に伝えるためには、「言葉の使い方」が大切です。

たとえば、出会った相手から「私は以前、こんな失敗をしたことがあって」と深刻な顔で打ち明けられたとします。

そんな時、関心のないような顔をして「ああ、そうですか」などと言って話題を変えてしまうような、冷淡な受け答え方はしないほうがいいと思います。

きっと相手は、「私は受け入れてもらっていない。自分が失敗した経験を話したことから、『こんな人とはつきあえない』と拒まれてしまったのだろう」と感じてしまうに違いありません。

そうなれば、それが「一期一会の、いい出会い」にはならないでしょう。

従って、こういうケースでは、話をよく聴いた上で、「私だって何度も失敗しています。だいじょうぶ。なんとかなります」という話し方をしてあげるのがいいと思います。

「私も、あなたと同じだ」ということを強調することが、ありのままの相手を受け入れることにつながります。

また、「だいじょうぶ。なんとかなる」という楽天的な言葉が、相手に安心感を与えるのです。

相手とすれば、「私は受け入れられている」と実感し、うれしく感じるものです。

これが、「一期一会の、いい出会い」につながるのです。

「だいじょうぶ。なんとかなる」という言葉で、相手を癒す。

自分が楽しく振る舞えば、相手も楽しくなる

平安時代末期の書物に『梁塵秘抄《りょうじんひしょう》』（12世紀頃成立）があります。当時世間で流行していた歌謡曲のセリフを、一冊の本にまとめたものです。

これは後白河法皇が編纂《へんさん》したものです。

この『梁塵秘抄』に、次のようなセリフがあります。

「子供は、遊ぶために生まれて来たのだろうか。戯《たわむ》れるために生まれて来たのだろうか。遊んでいる子供の声を聞いていると、私さえ楽しい気持ちになって身が動いてきてしまう（意訳）」というものです。

ある大人が、夢中になって遊んでいる子供の姿を見ていると、その大人まで、楽しい気持ちになってくる、という意味です。

この言葉には、「一期一会」の出会いを、よりすばらしいものにするためのコツがあるように思えるのです。

つまり、人と出会った時、「まずは自分自身が、その出会いを、子供のように無邪気に楽しむ」ということです。

自分が無邪気に、夢中になって楽しんでいる姿を見れば、相手もまた、楽しい気持ちになってくるでしょうし、心も癒されます。

お互いに楽しむことができれば、それは「いい出会い」になるはずです。

具体的に言えば、たとえば、「笑顔を絶やさない」「明るい声で話す」「ポジティブな話をする」ということです。

そのようなことを心がけることで「楽しさ」を演出できるでしょう。

もし、不愉快そうなムッツリとした顔をしていたら、相手も不愉快な気持ちになってしまうので、要注意です。

笑顔と明るい声が、相手を楽しくする。

出会いを楽しむことに「徹する」のがいい

禅の言葉に、「遊戯三昧《ゆげざんまい》」というものがあります。

この禅語にある「遊戯《ゆげ》」は、文字通りに言えば、「遊《あそ》び戯《たわむ》れる」ということです。

ただし、ゲームか何かをやって遊んで、みんなでワイワイはしゃぐ、という意味ではありません。

単に「楽しむ」という意味に理解するほうがわかりやすいでしょう。

一方、「三昧《ざんまい》」には、「徹する」という意味があります。

つまり、「何かを楽しもうという時には、その楽しいことに徹することが大切だ」ということです。

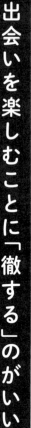

言い換えれば、楽しいことをしている最中に、何か心配事を思い出したり、気持ちが落ち込むようなことを考えてはいけないのです。

そんなネガティブなことを思い浮かべたら、せっかくの楽しいひとときを楽しめなくなってしまうでしょう。

この「遊戯三昧」という禅語も、「一期一会」の出会いを有意義なものにするために役立つと思います。

ある人と出会い、楽しい時間を過ごしている時に、もし心配事や、落ち込むようなことを思い浮かべてしまったら、せっかくの楽しい出会いが台無しになってしまうでしょう。

ですから、出会った人と楽しい時間を過ごしている時は、「とにかく楽しむことに徹しよう」という意識を持つことが大切です。

それが、相手の心をも癒します。

出会いの最中に、イヤなことを思い浮かべない。

第8章

身近な人との「一期一会」もある

頻繁に会う人に対しても「一期一会」の精神を持つ

「一期一会」には、二つの意味があります。

一つは、初めて会う相手に対して、「この人との出会いは『一生でただ一度きりの出会いだ』と考えて、誠意を込めてその出会いを大切にする」ということです。

実は「一期一会」には、もう一つの意味があります。

それは、いつも頻繁《ひんぱん》に顔を合わせている人に対して、「『この人と今こうして一緒にいる時間は、もう二度と訪れないかもしれない。今という時間は一度限りのものだ』と考えて、その相手と一緒にいる今、この時間を大切にする」ということです。

このように考えることで、その人と一緒にいる「時間」が充実したものになっていきます。たとえ、日頃頻繁に会っている人であっても、新鮮な気持ちで充実した時間を過ごすことができるのです。

たとえば、恋人との関係を考えてみましょう。

初めて出会った頃は、お互いに新鮮な気持ちでいられたかもしれません。

しかし、頻繁に会うようになるにつれて、出会った当初の新鮮な気持ちをだんだん忘れていく、ということもあります。

そして、恋人に会っている時間がそれほど楽しく感じられなくなり、会話も減っていく、ということもあり得ます。

そういう時には、この「一期一会」という言葉の精神を思い出してみましょう。

「今、恋人と一緒に過ごしている時間は、もう二度と訪れないかもしれない」という意識を強く持つことで、「今の、この時間をもっと楽しもう」という意欲が高まります。

それがきっかけになって、出会った当初の新鮮な気持ちがよみがってくるのです。


出会った当初の新鮮な気持ちをよみがえらせる。

「いつも会っている相手」にも誠意を尽くす

「一期一会」という言葉は、茶道の世界でよく用いられる言葉です。

また、この「一期一会」という言葉の精神を提唱したことで有名なのが、幕末の大名である井伊直弼なのですが、彼は『茶湯一会集《ちゃのゆいちえしゅう》』という書物の中で、「一期一会」について次のように述べています。

「茶会の心得として大切なのが『一期一会』であると言われている。たとえば、これまでに何度も会っている人間を客として茶会に呼ぶ時も、『この人とお茶を飲んでいる今という時間は一度限りのものだ。これが私の人生の中で、たった一度きりの出会いの場になる』という気持ちを持っておくことが大切だ」（意訳）というものです。

井伊直弼は、もちろん時には初対面の客を茶会に招くこともあったのですが、実際には身近な家臣たちをよく呼んでいたと言います。

従って、茶会は毎回、ほとんど同じ顔触れだったのです。しかも、家臣とは、仕事の場でもよく顔を合わせている間柄です。しかし、日常的に頻繁に顔を合わせている相手であっても、茶会に招く時は「一期一会」の精神を忘れなかったそうです。

つまり、いつも顔を合わせている相手であっても、「この人と過ごす今の時間はもう二度とない。この出会いの場は人生で一度きりのものだ」という意識を持ったのです。

そういう意識を持つことで、「今日の茶会では、この人を心を込めてもてなそう」という意識も高まります。

たとえば、会社の仕事仲間や、取引先、あるいは友人など、日常的によく顔を合わせている人に対しても、この「一期一会」の精神を持ってつきあっていくほうが良いと思います。

それが、日頃の人間関係を円満なものにするコツになります。

「一期一会」の精神で、人間関係が充実する。

家族とも「一期一会」の精神で接していく

人は、往々にして、「毎日のように顔を合わせている人」に対しては、接し方が投げやりで、いいかげんなものになりがちです。

たとえば、家族です。

家族とは、毎日顔を合わせます。そのために、お互いに慣れてしまって、相手を思いやる気持ちが薄らいでくることもあります。

兄弟姉妹やパートナーが、何かに思い悩んでいることがあったとしても、それに気づくことができない場合もあります。

知らず知らずのうちに、相手を傷つけるようなことを言っている場合もあります。

また、自分のひと言で相手が傷ついたとしても、それに気づかないために、「ごめんなさい」と謝ることもできず、そんな気持ちのすれ違いがきっかけになって、家族の関係が悪化していくこともあるでしょう。

夫婦関係が悪くなったり、兄弟関係や親子関係がギクシャクしてしまうこともあります。そういう意味では、「ある人との人間関係に慣れ切ってしまう」ということには、ある意味での危険もあるのです。

従って、たとえ、家族のように親しい間柄にある人とも「一期一会」の精神を持って接していくほうが良いと思います。

家族とは、実際には、「毎日のように顔を合わせる関係」だと思います。

しかし、意識的に、「この人と過ごす時間は、もう二度とない。今という時間は一度限りのものだ。この人との出会いの場は、今後もうないかもしれない」と考えて家族とも接していくのです。

そうすることで、家族との関係を、より大切にしていこうという気持ちになります。

慣れ切ってしまうと、人間関係がおかしくなりやすい。

「一期一会」の精神で、心遣いの気持ちを持つ

円満な人間関係を築いていくために、「やさしい心遣《こころづか》い」というものは、とても大きな役割を果たします。

「心遣い」とは、文字通り、「心を使う」ということです。

ちなみに「遣い」という文字は、「心遣い」「気遣い」のような名詞形の言葉になる場合に使われます。一方で「心を使う」とか「気を使う」というように、「つかう」が動詞形の場合には「使う」という文字を用いると言われています。ですから、「心遣い」も「心を使う」も、文字は変わりますが、意味は同じなのです。

さて、話を元に戻しますが、「心遣い」とは、相手がもっと快適になるよう、楽しくなるよう、心を使って工夫する、ということです。

また、相手が落ち込んでいたり、調子が悪そうな様子をしている時には、心を使って、その状態を改善してあげるようにする、ということです。

お互いに、このような「心遣い」を相手に対して持っているからこそ、その相手との人間関係は円満になるのです。

しかし、残念ながら、人間関係がマンネリになっていくにつれて、この相手への「心遣い」というものがなくなっていきやすいのです。

従って、人間関係がマンネリになってきた時には、「一期一会」の精神を思い出すことが大切です。つまり、毎日顔を合わせているような相手であっても、「この人と一緒にいる今という時間は一回限りのものだ。この出会いの場は、もうないかもしれない」という意識を強く持つのです。

そうすれば、相手に気を使う意識も戻ってきます。

「心遣い」があってこそ、人間関係はうまくいく。

後悔しないためにも、「一期一会」の精神を持つ

愛する人が亡くなるのは、とても悲しい出来事です。

仏教では「愛別離苦《あいべつりく》」と言います。

愛する人と永遠に別れるということは、人間の苦しみの中でももっとも大きなものなのです。

愛する人が亡くなった時、「あの時、こうしてあげれば良かった」と言う人がよくいます。

たとえば、「あの時、もっとやさしくしてあげれば良かった」「あの時、あの人と、もっとよく話しあっておけば良かった」といった具合です。

残念ながら、愛する人が生きていて、一緒に暮らしている間は、人間関係は少しマンネリになっているために、相手への心遣いをしなくなっている場合もあるのです。

ですから、本当であれば、愛する人にやさしくしてあげるほうがいい時があったし

ても、「今度でいいだろう。今でなくてもいいだろう」と思い、やり過ごしてしまうこともあるのです。

しかし、人の人生では、その「愛する人にやさしくしてあげるほうがいい時」というのは、もう二度とないかもしれないのです。

なぜなら、「今度でいいだろう。今でなくてもいいだろう」と思っている間に、その愛する人は亡くなってしまうかもしれないからです。

そういう意味でも、人とは「一期一会」の精神、つまり「この人と一緒にいる今という時間は一回限りのものだ。この人と一緒にいる時間は、明日はないかもしれない」という意識を常に持っておくことが重要です。

そうすれば、後悔することはないと思います。

「今度でいい。今でなくてもいい」とは考えない。

「心施《しんせ》」を実践することで、お互いの関係を和《なご》やかにする

仏教の言葉に、「心施《しんせ》」というものがあります。

「心を施《ほどこ》す」ということです。

この「施す」には、「喜びを与える。恵みを与える」という意味があります。

つまり、相手のために心遣いをして、相手を喜ばし、相手に恵みを与える、ということなのです。

仏教には、人間関係を円満にしていく上で、この「心施」、つまり、お互いの心遣いが大切だ、という考え方があるのです。

仏教の修行は、一人きりで行う場合もあるのですが、多くの場合、寺などに集まって複数の人間で行います。そこには、師匠と弟子という人間関係があります。また、弟子同士の人間関係もあります。

そのような人間関係がギクシャクして、お互いに、いがみ合うようになれば、仏教

の修行自体に支障をきたすことになりかねません。

従って、そこにいる者同士が、和《なご》やかにつきあっていけるように、「心施」ということを重んじているのです。

このような事情は、家庭や職場でも同じことです。

そこにいる者同士の人間関係がギクシャクすれば、家庭生活や仕事に大きな支障をきたすことになります。従って、やはり、「心施」の実践が大切になるのです。

では、どうすれば「心施」を実践できるのかと言えば、それは、「この人と一緒にいる、今という時間が、もう二度と来ないかもしれない」という意識を持つことです。

この「一期一会」の精神を持つことで、お互いがお互いの味方になって「心施」を実践できるようになると思います。


「一期一会」の精神で、「心施」を実践する。

「ほめ言葉」が、お互いの心を近づける

仏教の言葉に、「言辞施《ごんじせ》」というものがあります。

「言辞」とは、「しゃべり言葉」ということです。人間関係を円満にしていくためには、「相手をうれしい気持ちにするような言葉を施《ほどこ》す、つまり、話しかけることが大切だ」と、この言葉は指摘しているのです。

この「相手をうれしい気持ちにさせる言葉」とは、たとえば、ほめ言葉です。相手の長所を見つけて、それをほめるのです。

また、相手を励ましたり、慰めの言葉をかけるのも「言辞施」の一つだと言っていいでしょう。

しかし、残念なことに、人間関係がマンネリになってくると、お互いに、相手をうれしくさせるような言葉を口にしなくなります。

会話の回数自体がだんだん少なくなってしまう場合もあります。

しかし、そうなれば、お互いに心も離れていき、疎遠《そえん》な関係になってしまいます。

そうならないためにも「言辞施」、つまり、積極的に相手をほめたり、励ましたり、慰める言葉をかけることが大切になってくるのです。

そのためには、「この人と一緒にいる今という時間は一度限りのものだ」という意識を強く持つことが重要です。

この「一期一会」の精神を持つことで、「この人と一緒にいる時間は、精一杯、この人をほめてあげよう。励ましてあげよう。慰めてあげたい」という気持ちになってくるのです。

そうなれば、お互いの心が離れていくこともありません。

相手をほめたり、励ましたり、慰めたりする。

何か新しいことをして、マンネリを打破する

夫婦関係がマンネリになってくると、だんだん、相手への不平不満が多くなってきます。

ささいなことで、「おまえは、何をやらせてもダメだなあ」「あなたって、勇気がない人ね」といった不平不満を言ってしまうのです。

そんな不平不満は、言う人のほうが、あまり気にせずに何気なく口にしている場合が多いようです。しかし、不平不満を言われたほうは、もちろんカチンときます。

ですから、「おまえこそ、あなたこそ」と言い返すことになるでしょう。

そこから、口ゲンカになったり、お互いの関係がギクシャクしてしまう、ということになりかねないのです。

故に、相手への不平不満をできるだけ口にしないよう心がけることが大切です。

そのためには、お互いの関係のマンネリ感を打破する必要があります。

「一期一会」の精神を強く持って相手に接するのです。

その具体的な方法の一つとして、たとえば、その相手と「何か新しいことをやってみる」ということが挙げられます。

今まで一緒に訪れたことのないレストランで食事をする、といった方法でもいいでしょう。

そのような新しい経験をすることで、「今、この人と一緒にいる、この時間は一回限りのものだ。この人とこうして、この場所で食事している時間は、もうないかもしれない」という意識が強まります。

そして、「この人との関係が大切にしていきたい」という意識も強くなります。

そうなれば、自然に不平不満を言うこともなくなるのです。

定期的に「何か新しいことをしてみる」ということを習慣に持つことが大切です。

夫婦関係に限らず、家族や友人関係でも同じことが言えます。


行ったことのないレストランで食事する。

「内観法」によって、人間関係のマンネリを打破する

身近な人との人間関係がマンネリになってしまうと、お互いに欠点を指摘するようになります。

そのために人間関係が悪化してしまうこともあるようです。

そうならないための方法として、「内観法《ないかんほう》」というものがあります。

これは精神療法の一つなのですが、普通の人が日常生活の中でも行えます。

特に、日常生活の中で行うものを、「日常内観」とも呼びます。

これは、人間関係を改善するために、とても有効な方法なのです。

具体的には、まず、一人になります。

できるだけ静かな環境の中で、気持ちを落ち着けます。

そして、身近な人、たとえば、夫婦や家族、友人や恋人のことを思い浮かべます。

そこから、過去に、その相手から世話になったり、励ましてもらったり、あるい

は、助けてもらったことなどを思い出します。

その相手と一緒に楽しい時間を過ごしたことなども思い出してみます。

出会ってから今日に至るまで、時系列に沿って思い出していくといいでしょう。

次第に、その相手が、自分にとっていかに大切な存在なのかがわかってきます。

そうすれば、実際にその相手に会った時には、非常に新鮮な気持ちで向かい合えるようになるのです。マンネリ感も打破され、「この人と一緒に持つ時間を、今まで以上に大切にしていこう」という気持ちにもなります。

いわば、「一期一会」という精神で、その相手に向かい合うことができるようになるのです。


相手から世話になったことなどを思い出してみる。

一人になって、大切な人のことを考えてみる

人間関係のマンネリを打破するためには、時に、「一人になって、相手のことを考える」ということが良い方法になることがあります。

たとえば、一人になって、恋人や友人や家族や恩師のことについて考えてみましょう。

「相手が自分にとっていかに大切な存在なのか」

「その相手がいてくれるおかげで、自分がどれほど幸せなのか」

ということについて考えてみるのです。

そうすれば、「あの人が自分の味方でいてくれるから、私は勇気を持って生きていける」ということも理解できるようになります。

そして、その恋人や友人、家族や恩師と一緒に過ごす時は、

「この楽しい時間は一度限りのものだ。もう二度とこの楽しい時間を経験することは

ないかもしれない」

という気持ちを強く感じることができるのです。

そして、この「一期一会」の精神を持つと、

「この時間を大切にしよう。この人との関係を大事にしよう」

という思いも改めて強く感じるのです。

また、いつも一緒にいる、ベタベタとした関係になってしまうのではなく、時々、「一人になって、自分にとって大切な人のことを考える」という時間を持ってもいいと思います。

人間関係では、あまりベタベタとした関係になりすぎると、かえって相手への反発心が強まってしまう、ということもあります。

そういう意味でも、時々、「一人になって、相手のことを考える」ことが重要です。

あまりベタベタとした関係になりすぎないようにする。

第9章

書物やチャンスとの出会いも大切にする

「貴重な考え方」との出会いも大切にしていく

「一期一会」の「一期」は「人の一生」という意味ですが、この言葉の語源は仏教にあります。また、「一会」は「たった一度きりの出会い」という意味ですが、この言葉の語源も仏教にあります。

「一期一会」という熟語自体は茶道から生まれたものなのですが、その「一期」も「一会」もそれぞれ仏教に由来する言葉なのです。

つまり、仏教にも、「それは、一生でたった一度きりの出会いになるのかもしれないのだから、その出会いを大切にしていくことが重要だ」という考え方があるのです。

ただし、仏教で言うその出会いとは、「人との出会い」に限ったものではありません。

たとえば、「仏教という考え方との出会い」も、その出会いの一つです。

つまり、「仏教という考え方に出会う機会は、非常に貴重だ。もしかしたら、今後、仏教の考え方に出会うチャンスはないかもしれない。従って、仏教の考え方に出会った時には、その出会いを大切に思い、その後は仏教の考え方に従って生きていくことが重要だ」と、仏教の教えは指摘しているのです。

一般の人たちにとっても、生きていく中で、「貴重な考え方」に出会うことがあると思います。

たとえば、生き方についての重要なことが書かれている本との出会いです。

あるいは、ある人から、貴重なアドバイスをもらうこともあるでしょう。この場合、そのアドバイスも、また、「貴重な考え方との出会い」と言えます。

そして、そのような「貴重な考え方との出会い」を得た時には、その貴重な考え方を今後の自分の生き方に役立てていくことが重要です。

それが「貴重な考え方との出会いを大切にする」ということなのです。

生き方を変えてしまうような「考え方との出会い」をすることもある。

「尊敬する人のアドバイス」との、「一期一会」の出会いもある

「一期一会」によって出会う対象というのは、何も「人間」ばかりではありません。

その対象には、もちろん人間も含まれますが、思想や考え方などとの「一期一会」の出会いというものもあるのです。

たとえば、人から受けるアドバイスです。

生き方や、あるいは、仕事のやり方について、尊敬する人から、「こうしたほうがいいよ」というアドバイスを受けることがあります。

それは、貴重なアドバイスです。

しかし、「うるさいな。よけいなことを言わないでほしい」と聞き流してしまう人もいます。

もしそこで軽く聞き流してしまったら、今後、その貴重なアドバイスを聞く機会はもう二度と訪れないかもしれません。

そういう意味では、貴重なアドバイスを聞く機会も、「一期一会」の出会いだと言っていいのです。一生で、たった一度きりの出会いだということです。

従って、恩師など尊敬する人からアドバイスを受けた時は、真剣に耳を傾けることが大切なのです。

もちろん、受けたアドバイスにすべて従う必要はありません。

ただ、真剣に耳を傾け、それを自分なりに解釈し、自分の生き方や、あるいは、仕事のやり方に生かせるものがあるならば生かしていく、という意識を持って、それを参考に実践していくことが重要なのです。

そうすれば、その「貴重なアドバイス」を「自分の味方」にして、自分を成長させていくことができます。

尊敬する人のアドバイスには、真剣に耳を傾けてみる。

尊敬する人の助言を聞ける人が、「賢い人」に成長できる

古代ローマの喜劇作家であり、また詩人だったプブリリウス・シルス（紀元前1世紀）は、「多くの人が助言を受けるが、それを生かすのは賢い人だけだ」と述べました。この言葉は、言い換えれば、それだけ「ほとんどの人は、人の助言を真剣に生かそうと思っていない」ということなのでしょう。

きっとそこには、これは「『一期一会』の機会になる、という意識が薄い」ということかもしれません。

しかし、貴重な助言を耳にする機会は、今後はもうないのかもしれないのです。

特に人間は、年齢を重ねていくに従って、人から助言を受けることが少なくなっていきます。

また、地位が上がるにつれて、周りの人は助言をしてくれなくなるものです。

周りの人としては、心の中で「こうしたほうがいい」と思うことがあっても、相手

の年齢や地位に遠慮して、何も言わずに済ませてしまう場合も多いようです。

そういう意味では、特に若い時は、尊敬する人たちから受ける助言には真剣に耳を傾けるほうが賢明だと思います。

「今後、年齢を重ねたり、地位が上がったら、誰も助言をしてくれなくなる。この助言とは『一期一会』の出会いになる」という意識を持って、真剣に耳を傾けるのです。

そして、その助言を自分なりに活かしていく方法を考えてみるのです。

それが、今後、成長していくためのコツになるでしょう。

また、周りの人からでなくても、講演会やメディアから得る情報でも十分活用できると思います。


特に若い頃は、人の助言に真剣に耳を傾けるといい。

いい本との「一期一会」の出会いを大切にする

いい本との「一期一会」の出会いというものもあります。

人には、いい本と出会って、その本から強い影響を受けることによって、その後の生き方が大きく変わっていく、ということがよくあります。

ある、すばらしい本との出会いによって、人間的にグンと成長していく、ということもあるのです。

そういう意味では、「いい本との出会い」は、「教養ある人」「影響力がある人」との出会いと同様に、とても有益なものなのです。

しかしながら、残念なことに、せっかくいい本に出会いながら、読まずに積んでおく人もいます。

「後で読めばいいや」と、ほったらかしにしてしまう人もいます。

しかし、ほったらかしにしたまま、いつになっても読むことはなく、そのまま処分することになる、ということもあるようです。

そういう意味では、いい本との出会いも、やはり、「一期一会」なのです。

それは、人生で一度きりしかない出会いになるかもしれないのです。

従って、「この本を読む機会は今しかない」と考えて、読みたい本に出会った時には、すぐに読むほうがいいと思います。

本は「積んどく」のではなく、「すぐに読む」という習慣を身につけることが大切だと思います。

どのようなジャンルの本であれ、一冊の本を読めば、知識が増えます。教養が増します。そして、自分という人間も成長します。

本との「一期一会」の出会いを大切にしていくことが大切です。

本を「積んどく」と、そのまま読まないことになりやすい。

多くの本を読むうちに「最良の一冊」に出会える

アメリカの牧師であり思想家で、多くの成功哲学本を書いた人物に、ジョセフ・マーフィー（19～20世紀）がいます。

マーフィーは、「読書の時間を大切にしなさい。一冊の本との出会いが、その読者の生き方を変えてくれることだってある」と述べました。ジョセフ・マーフィーも、この言葉で、いい本との「一期一会」の出会いが、その人に大きな影響力を与えることがある、ということを指摘しているのです。

もちろん、読む本のすべてが、その読者にとっていい本、すばらしい本だとは限らないでしょう。

中には、「読んだけど、あまり参考にならなかった」という本もあるかもしれません。

しかし、大切なのは、そこで本を読むという習慣を捨ててしまうのではなく、「今度は、いい本かもしれない」という希望を持って、色々な本を読み続けていく、ということだと思います。

そうすれば、多くの本を読んでいくうちに、「この本は私に大きな影響を与えた」という一冊に出会えると思います。

それは、ちょうど、「人」との出会いと同じなのです。

出会う人すべてが自分にとって有益であり、出会う人すべてが自分の味方になってくれるとは限りません。

しかし、多くの人との出会いを重ね、その一つ一つの出会いを「一期一会」の精神で大切にしていくうちに、自分にとって大切な人と出会えるのです。

大切なのは、多くの人と出会うことです。そして、多くの本を読むことです。

読書の時間を「一期一会」の精神で大切にする。

良い本が、良い友として自分の味方になる

イギリスの詩人であり、劇作家、小説家だったオリバー・ゴールドスミス（18世紀）は、「良い書を初めて読むことは、新しい友を得たようなものである。以前に集中して読んだ書物を読み直すときには、旧友に会うのと似ている」と述べました。本を読むということは、その本を書いた人の考え方、言いたいこと、また、その人の人間性に触れる、ということです。

それは、言い直せば、本というものを通して、その著者に「出会う」ということと同じことだと思います。

本を通して、その著者がしゃべっている言葉を聞いているのと同じなのです。

そういう意味で、オリバー・ゴールドスミスは、いい本と出会い、そしてその本を読むことは、「友を得たようなものである」と指摘しているのです。

それは、思い悩んでいる時に、悩みを消し去ってくれる友です。

困った状況にある時に、知恵を与えてくれる友です。

落ち込んでいる時に、読者の味方になってくれる友です。

迷っている時に、読者を励ましてくれる友です。

そういう意味で言えば、「いい本に出会う」ということは、まさに、「いい友と出会う」ということと同じことなのです。

従って、人と「一期一会」の出会いを求めるのと同じ意識で、本との「一期一会」の出会いを求めていくほうが賢明です。

本であれば、海外の人とも手軽に出会うことができます。また、百年前、あるいは、それ以上昔の人と出会って、その人を「良き友」「良き味方」にすることもできます。

それが、本との出会いの素晴らしさとも言えます。

本を通して、ふだん会えない人との出会いを求める。

勉強する機会も「一期一会」の出会いになる

「若い頃に、ちゃんと勉強しておけばよかった」と言う人がいます。

「ちゃんと勉強しておけば、今の人生がより良いものになっていたのではないか」と、後悔する気持ちが起こってしまうのでしょう。

そういう意味では、「勉強をする機会」というのも、「一期一会」の出会いだと言っていいと思います。

その勉強をする機会を逃してしまえば、その後もう勉強する機会にはめぐり会えないかもしれないのです。

その意味で、その勉強をする機会は、一生に一度きりのものなのかもしれないのです。

とは言え、「若い頃に、ちゃんと勉強しておけばよかった」と言う人であっても、遅くはないと思います。

歳を重ねるにつれて、若い頃とは違った意味で、「勉強したい」という気持ちになることがあると思います。

若い頃の勉強とは、たとえば、「ちゃんと受験勉強して、いい大学に入っておけばよかった」といった意味だと思います。

しかし、年齢を重ねてから、「人生についての勉強をしてみたい」「教養を深める勉強をしたい」「何かの資格を取りたい」という気持ちになることもあると思います。

そういう時には、それこそ「一期一会」の出会いだと考えて、その機会を逃さないことが大切だと思います。

そうすれば、その「人生の勉強する機会」との出会いを通して、今後の人生を実り豊かなものにしていくことが可能だと思います。

何歳になっても、勉強する機会を逃さないようにする。

「一期一会」の精神で、チャンスをつかむ

アメリカの政治家で、かつて国務長官として世界的に活躍した人物が、次のように述べていました。それは、「チャンスは貯金できない」というものです。

お金であれば、貯金をしておいて、後で使うということができます。

しかし、チャンスというものは、お金のように、貯金をしておいて後で使うということはできません。

チャンスとは、一度限りのものなのです。

そのチャンスを生かす機会を逃してしまったら、そのチャンスはもう永遠に訪れないかもしれません。

そういう意味で言えば、「チャンスを生かす機会」というものもまた、「一期一会」の出会いなのではないでしょうか。

言い換えれば、チャンスに出会った時は、「これは一生で一度限りの機会だ」と考

えて、そのチャンスを生かすために積極的に行動するほうがいい、ということです。

それでこそ、自分の人生を、いい方向へ向けて大きく飛躍させることができるのです。

人生には、様々なチャンスがあります。

愛する人と交際するチャンスもあるでしょう。

仕事で成功するチャンスもあります。

長年の夢を叶えるチャンスもあると思います。

そのようなチャンスも「一期一会」の出会いなのです。一度逃すと、もう二度とないチャンスなのかもしれません。


大きなチャンスは「一生で一度きりのもの」と考える。

チャンスにチャレンジすれば、失敗しても後悔はない

アメリカの小説家であるマーク・トウェイン（19〜20世紀）は、「やったことは、たとえ失敗しても、二十年後には笑い話にできる。しかし、やらなかったことは、二十年後には、後悔するだけだ」と述べました。たとえば、夢を叶えるための大きなチャンスに出会ったとします。「これこそ、もう二度とない、一生に一度きりのチャンスだ。まさに『一期一会』の出会いだ」という思いで、そのチャンスを実現するためにチャレンジします。

もちろん、人生では、残念ながら、そのチャレンジが必ず成功するとは限りません。あえなく失敗してしまうこともあるのです。

しかし、マーク・トウェインは、この言葉で、「たとえ失敗しても、二十年後には笑い話にできる」と指摘しているのです。

つまり、後悔は残らないのです。むしろ、「やることは、やった」という清々しい

充実感が残るのです。

ですから、「笑い話にできる」ということなのでしょう。

後悔するということでしたら、失敗することを怖れて、チャンスにチャレンジしなかった時のほうが、後悔は大きいのです。

二十年経っても、まだ後悔の念を引きずっていなければならないこともあります。

それは、二十年経って、ようやく、「あの時のチャンスは、ふたたび訪れはしない、一生で一度きりのチャンスだった」ということに気づくからではないでしょうか。

そういう意味では、もし、夢を叶えられるような大きなチャンスにめぐり会った時には、失敗を怖れずに思い切ってチャレンジするほうがいいと思います。

それが、たとえ失敗しても、「満足できる生き方」につながるのです。


思い切ってチャレンジすれば、たとえ失敗しても清々しい満足感が残る。

チャンスを生かすために、しっかりした準備をする

「一期一会」の出会いでもある、人生の大きなチャンスにめぐり会った時に、そのチャンスを逃さないためには、事前に準備をしておくほうが賢明だと思います。

事前に準備をしておけば、そのチャンスに出会った時に、果敢に行動を起こすことができるはずです。

イギリスの貴族出身で、政治家として、また小説家として活躍した人物に、ベンジャミン・ディズレーリ（19世紀）がいます。

このディズレーリは、「人生における成功の秘訣とは、チャンスが訪れたときにそれを生かせるよう準備を整えておくことである」と述べました。

ディズレーリも、やはり、この言葉で「準備の大切さ」について述べているのです。

事前に準備しておくからこそ、一生で一度限りになるかもしれないチャンスに出会った時に、そのチャンスを生かすことができるのです。

この場合、「準備」には二通りの意味があると思います。

一つには、「心の準備」です。

チャンスに出会った時に、怖気《おじけ》づいたり、失敗を怖れたりしないために、しっかりと心の準備をしておくのです。

もう一つには、「事務的な準備」です。

チャンスにチャレンジするためには、具体的に何をすればいいかを考え、整理し、そのために必要になるものなどを準備しておくのです。

そのようにして、しっかり準備しておくことで、その「一期一会」のチャンスをつかんで、人生をいい方向へと持っていくことができます。

それでこそ、満足のいく、充実した人生を実現できます。


しっかりした準備があってこそ、怖気ないで済む。

植西 聰（うえにし あきら）

東京都出身。著述家。
学習院高等科・同大学卒業後、資生堂に勤務。
独立後、人生論の研究に従事。
独自の『成心学』理論を確立し、人々を元気づける著述活動を開始。
1995 年、「産業カウンセラー」（労働大臣認定資格）を取得。

〈主な著書〉
- 増補新版 人生がうまくいく！「動じない心」の作り方（マイナビ出版）
- 「折れない心」をつくる たった 1 つの習慣（青春出版社）
- 平常心のコツ（自由国民社）
- 「いいこと」がいっぱい起こる！ブッダの言葉（三笠書房・王様文庫）
- 人生を変えるすごい出会いの法則（青春出版社）
- 上機嫌のつくり方（自由国民社）

目の前にいる人を大切にする「一期一会」の習慣

2024年10月20日　初版第1刷発行

著　者　　植西聰
発行者　　角竹輝紀
発行所　　株式会社マイナビ出版
〒101-0003　東京都千代田区 一ツ橋 2-6-3 一ツ橋ビル 2F
TEL：0480-38-6872（注文専用ダイヤル）
TEL：03-3556-2731（販売部）／03-3556-2735（編集部）
E-mail：pc-books@mynavi.jp
URL：https://book.mynavi.jp

デザイン　　ベイブリッジ・スタジオ
DTP　　富宗治
校正　　菅野ひろみ
印刷・製本　　中央精版印刷株式会社

◎定価はカバーに記載してあります。
◎落丁本、乱丁本はお取り替えいたします。お問い合わせは TEL：0480-38-6872（注文専用ダイヤル）、または電子メール：sas@mynavi.jp までお願いいたします。
◎内容に関するご質問は、編集3部2課までメールにてお問い合わせください。

ISBN978-4-8399-8699-5
Printed in Japan

〈マイナビ文庫の好評既刊〉

増補新版
人生がうまくいく！
「動じない心」の作り方

植西聰 著

前向きに生きるための一冊。
33刷のロングセラーを
加筆修正した増補新版！

人の心は常に揺れ動いています。不安になったり、落ち込んだり、怒ったり、舞い上がったり……。
しかしそのような「心の乱れ」は、夢に向かってまい進する力、問題を解決するための冷静な判断力を奪ってしまいます。
本書はどんなことがあっても「動じない心」で前向きに生きるために必要な心構えを、仏教の教えも盛り込みながら、わかりやすくまとめた一冊です。
